COLLECTIO

Maya,
Pour tes treize ans
belle jeune fille
Avec toute notre affection

Françoise et Emmanuel

ANITA VAN BELLE

L'ÉTÉ OÙ J'AI VOLÉ

PAGE BLANCHE / GALLIMARD

La lumière sait quand on la regarde.

James Turnell.

La traversée

Pour Carmen, la magicienne

Si je n'avais pas cassé mes lunettes, je n'aurais pas vu l'oiseau blanc, je n'aurais pas volé, et rien de ce qui est arrivé ne serait arrivé. Mais peut-être que c'est toujours comme ça.

Mercredi, je m'étais décidée à aller me baigner avec la bande. Dans la chaleur de cet été, et comme il n'y a rien d'autre à faire sur l'île, ça paraît normal. Mais ça ne l'est pas. Je passe beaucoup de temps seule. Ou sur la plage, dans la cabane de Ma' Solena. Je me baigne moins que les autres. Et souvent, quand ils se baignent, je préfère les regarder.

Tout cela remonte à un jour, en particulier. Ce jour-là, j'avais quatre ans, je me suis réveillée et tout était flou. Dans ma chambre, les fleurs du papier s'étaient transformées en grosses taches. Quand maman est arrivée, on aurait dit un nuage rose. J'ai reconnu papa à sa barbe, un immense flocon noir qui dansait au pied de mon lit. J'étais devenue myope. Pas un peu myope, juste de quoi faire l'intéressante en classe, plisser les yeux et demander à madame de m'asseoir plus près du tableau. Non. Très, très myope.

Bien sûr, j'aurais pu être triste de devoir porter des lunettes. Surtout des lunettes aussi épaisses que celles que je porte (de vraies loupes, dit sournoisement Mme Viranda, notre voisine). Mais je me suis vite aperçue de l'avantage qu'elles procuraient. Avec mes lunettes, je vois des choses invisibles. Il me suffit de glisser les yeux sur le côté, comme ça, de manière à fixer le bord des verres et, au bout d'une seconde, quelque chose de merveilleux apparaît.

Pour dire la vérité, ce quelque chose est souvent quelqu'un. Pépé João, mon grand-père. Là, je vous entends crier et hurler que c'est impossible, pépé João n'habite plus l'île, il est maintenant au cimetière, là-bas, sur la terre ferme. Mais c'est précisément l'avantage de mes lunettes. Avec elles, je vois pépé João et nous avons de longues conversations. C'est pourquoi j'ai moins besoin de bouger que les autres. Quand je suis seule, il y a toujours une apparition au coin de mes lunettes pour me tenir compagnie.

Ne croyez pas pour autant que je refuse la vie en groupe. Mais je suis timide, maladroite, et il a fallu l'arrivée de Rigoberta pour que je sorte de ma coquille.

Rigoberta est arrivée au printemps. Le vent avait cessé de souffler. Le sable ne rentrait plus dans les maisons par tous les interstices possibles, ce qui correspond chez nous à l'hiver, et rend maman folle. Le soleil commençait à chauffer. Les hommes sortaient pour ramasser les planches, les morceaux de filets, les vieilles boîtes, tout ce que le vent avait apporté sur l'île et laissé aux grilles des jardins ou sur le bord des routes. Rigoberta est apparue comme un morceau de planche poussé par le vent : un matin, elle était assise dans la cour de récréation, appuyée à la palissade, si tranquille qu'on s'est demandés un moment si elle était vivante.

Au début, les autres se sont méfiés d'elle. Rigoberta parlait de paysages trop grands pour nous : de montagnes qui brillent, de lacs glacés dont on ne voit pas le bout, de troupeaux de bœufs plus nombreux que les habitants du village, de feux dans la pampa, la nuit. Moi, elle m'a plu tout de suite. Ce qu'elle décrivait me faisait penser aux histoires de pépé João. Maintenant qu'il est mort il va partout, et il me raconte ses voyages. Le monde est vaste, bien plus vaste que l'île, et il contient des merveilles. J'ai pris les merveilles de Rigoberta comme des cadeaux. À chaque fois qu'elle parlait, c'est comme si elle ouvrait une boîte qui nous révélait un nouveau monde. Nous sommes devenues amies. Parce que je croyais à ses paysages. Parfois, il ne faut pas plus que ça.

Dès ce moment, ma vie a changé. Rigoberta ne s'est pas laissée abattre par les regards en coin et les murmures qui la traitaient d'étrangère. Simplement, elle m'a réservé ses images, elle a arrêté de les partager avec les autres. Elle s'est tue quelques semaines. Puis elle a approché la bande de Paolo, elle s'est mise à se baigner avec eux et elle m'a entraînée à sa suite. Je passais toujours beaucoup de temps seule, ou avec Ma' Solena, sur la plage, mais quand je le désirais, je pouvais rejoindre Rigoberta et la bande de Paolo sur le débarcadère et les regarder se baigner.

Mercredi, il faisait encore plus chaud que les autres jours. Rien, strictement rien ne bougeait sur l'île. L'air qu'on respirait vous rentrait dans les poumons comme une panade brûlante. Il suffisait de cligner des paupières pour transpirer. J'étais au débarcadère, avec les autres. Pour une fois, je ne m'étais pas installée dans la barque de Lusitano. J'étais perchée au-dessus de l'eau, assise sur une poutre du ponton. Ceux de la bande m'éclaboussaient en plongeant chacun à leur tour. À chaque fois, je devais enlever mes lunettes et les essuyer avec mon maillot mais, comme ça, je recevais un peu de fraîcheur.

On dit que le démon vit dans une fournaise. En tout cas, ce jour-là, le démon a décidé de visiter

Paolo. Il s'est mis à m'asticoter pour que je me baigne. Il criait que je ne devais pas être faite comme les autres, qu'on ne m'avait jamais vue dans l'eau, que j'avais peur, que je n'avais qu'à sauter sans mes lunettes, ou me baigner en sautant de la barque de Lusitano, mais que cet après-midi-là, ce n'était pas possible, il n'allait pas le terminer sans m'avoir vue dans la mer. Je me suis agitée pour quitter la poutre et remonter. Je n'enlève mes lunettes qu'une fois couchée, alors je les pose sur la table de nuit en les tenant à bout de bras de manière à pouvoir les retrouver le lendemain matin. Il était hors de question de sauter, de nager, ou de faire quoi que ce soit sans elles.

Sur le débarcadère, j'ai cherché Rigoberta. J'avais besoin d'une alliée. J'ai regardé autour de moi. Elle n'était nulle part. C'est alors que j'ai vu un point noir qui se découpait sur l'eau, à mi-chemin entre l'île et la terre ferme. Mon estomac s'est serré. Paolo remontait l'échelle du débarcadère à toute vitesse, le caleçon plaqué sur les cuisses. Il avait un sourire mauvais sur les lèvres. J'ai senti que ça allait mal tourner. Il s'est avancé vers moi et il m'a repoussée jusqu'au bord. J'ai fait un geste pour l'éviter. Mes lunettes sont tombées sur le sol et moi je me suis sentie partir vers l'arrière. J'ai fait une sorte de vol plané et je me suis écrasée dans l'eau. Il m'a semblé qu'il me fallait un siècle pour remonter. Quand j'ai crevé la surface, j'ai avalé un grand bol d'air. J'ai serré les dents et j'ai remonté l'échelle. Paolo tenait mes lunettes sur la paume de sa main droite. Il ne criait plus. Il me les a tendues avec l'air d'un chat qui a été battu. Le verre droit était cassé. Je les ai remises sur mon nez. Je suis partie.

À mi-chemin entre le débarcadère et la plage, je me suis arrêtée sous le pin parasol qui ombrage la place. J'ai glissé les yeux sur le côté, comme ça, et j'ai attendu. Une silhouette transparente, cassée en mille morceaux, est apparue pendant deux ou trois secondes, a trembloté puis a disparu. J'avais perdu pépé João.

J'ai couru chez Ma' Solena. Sa baraque est la plus belle de la plage. Les sièges, les parasols, les verres et les pailles, tout est vert et jaune, parce que Ma' Solena vient du Brésil et qu'elle ne veut pas l'oublier.

Quand je suis arrivée, elle chantonnait en préparant une carafe de sa fameuse limonade. Elle m'en a servi un verre. Je l'ai bu d'un trait, avec la langue qui piquait à cause du gingembre et la bouche qui fondait à cause du jus de mangue.

– Ne bois pas si vite, Menina, a dit Ma' Solena. Tu vas m'avaler le verre. *Ay*, comme tu ressembles à ma fille qui est restée là-bas.

Ma' Solena est arrivée sur l'île toute seule. Elle a fait la nettoyeuse, sur la terre ferme, avant d'avoir assez d'argent pour acheter la baraque. Sa famille n'est jamais venue la rejoindre. Ils sont restés au Brésil, un pays aussi grand qu'un continent. Ma' Solena leur poste de l'argent et, de temps en temps, elle reçoit une photo.

Aujourd'hui aussi, quand Ma' Solena reprend mon verre, elle envoie un baiser à la photo de sa fille, accrochée dans un cadre derrière le comptoir. Elle dit que je lui ressemble beaucoup, tellement, comme une jumelle. Je regarde le portrait. La fille de Ma' Solena est noire comme un bois précieux. Elle ne porte pas de lunettes, seulement deux nattes roulées en macarons. Ses yeux brillent. Elle est mince comme une tige de jonc. Une seule fois, j'ai osé dire à Ma' Solena que je trouvais qu'elle ne me ressemblait pas beaucoup, moi qui suis si myope, avec mes lunettes épaisses et mon corps potelé. La poitrine de Ma' Solena s'est soulevée, un peu comme quand le vent essaie d'arracher les toits des remises, dans ses plus mauvais moments.

– *Ay, ay*, Menina, jumelle de cœur ! C'est le cœur qui est pareil, beau comme une lune et prêt pour les grands mystères.

Alors je me suis tue et, parfois, quand je suis seule à table entre papa et maman, je pense à Ginja, ma jumelle, je l'imagine assise en face de moi et je me sens mieux.

– Ma' Solena, j'ai dit, quand le maître nageur est venu baisser le pavillon et que les derniers clients ont quitté leurs chaises longues, j'ai perdu pépé João.

Je ne voulais pas mais une grosse boule a bloqué ma gorge. J'ai enlevé mes lunettes. C'est rare, mais parfois ça m'arrange que le monde soit flou.

– Menina, qu'est-ce qui s'est passé ? Il a disparu dans la terre, dans l'air ou dans l'eau ?

Voilà. La seule fois où j'ai parlé de pépé João à maman, elle m'a gardée tout l'après-midi dans la chambre. Elle a dit que j'avais attrapé une insolation, trop de soleil sur la tête et que, si ça continuait, on irait voir un médecin. Papa, le soir, après qu'il fut rentré de son travail sur la terre ferme, s'est mis à rire.

– Le vieux aime tellement la parlote. C'est trop silencieux chez lui ! Est-ce que tu crois qu'on va le retrouver sur la terrasse, à faire grincer le fauteuil à bascule ?

Il a mis sa main sur sa bouche, devant l'air courroucé de maman, mais le rire était trop fort. Il a éclaté et Mme Viranda, notre voisine qui passait, l'a regardé de travers. Depuis, j'ai gardé pépé João pour moi toute seule. Du moins dans la famille. À l'extérieur, j'ai Ma' Solena qui comprend tout.

J'ai réfléchi à sa question. Est-ce que pépé avait disparu dans la terre, dans l'air ou dans l'eau ? C'était simple. J'avais vu l'image de pépé João en mille morceaux, comme s'il se reflétait sur une rivière dans laquelle on aurait jeté un caillou.

– Dans l'eau, Ma' Solena.

– *Ay, ay.*

Ma' Solena s'est emparée de mes lunettes. Elle a brandi le verre cassé vers le ciel.

– C'était la porte. La porte qui s'ouvrait pour pépé João. Maintenant que le verre est cassé, la porte s'est refermée.

J'ai eu peur. Peur de ne plus jamais voir mon grand-père et les paysages qu'il me décrivait.

– Qu'est-ce qu'on va faire, Ma' Solena ?

Elle s'est balancée vers le comptoir et nous a resservi deux verres de limonade. La plage s'était vidée. J'allais bientôt devoir rentrer. Maman ne plaisante pas avec l'heure du souper. Elle dit qu'elle cuisine tous les soirs pour papa et pour moi, alors que le moins qu'on puisse faire c'est d'être à l'heure.

– Ma' ?

Ma' Solena fixait l'horizon. Le grand disque rouge du soleil. Je l'ai imitée. Quand je serai une femme, je voudrais lui ressembler. Être un grand fleuve qui chantonne et prépare des délices. À travers mes lunettes cassées, le soleil prenait une drôle de forme. Ou alors c'était le gingembre. Ou l'air que Ma' Solena fredonnait, en marquant le rythme sur la table. J'ai senti que je glissais dans un rêve. Un rêve éveillé.

Dans mon rêve, Ginja chantait la chanson du gingembre. Elle me prenait par la main. Je la suivais, légère comme une goutte de pluie. Nous approchions d'une masse verte. Puis nous y sommes entrées. Les arbres étaient immenses, si grands que les fougères qui poussaient en dessous nous dépassaient. Il faisait sombre. Des singes criaient. Ginja marchait sans se retourner. J'ai vu des papillons aux couleurs plus fines que celles de l'arc-en-ciel. Alors, je me suis souvenue d'une histoire de Rigoberta. Ginja et moi, nous étions dans la jungle. J'ai respiré l'air humide. J'ai fait attention à ne pas m'accrocher aux lianes. J'ai ouvert très grands les yeux au cas où des Indiens surgiraient parce que Rigoberta m'avait dit qu'il restait des Indiens qui vivaient dans la jungle. Mais je n'ai pas vu d'Indiens. Ginja s'est retournée et elle m'a souri. Devant moi, sur une étendue de mousse, il y avait un oiseau blanc. Son bec d'argent étincelait. Il nous observait d'un œil plein d'étoiles. J'ai tendu la main vers lui. Alors il a secoué ses ailes, de la dentelle de plumes, et s'est envolé.

Quand je me suis réveillée, Ma' Solena frappait sur la table avec la paume de ses mains. Sa voix montait dans le soir, rude. J'ai frissonné. Le soleil avait presque entièrement disparu. J'allais me faire attraper. J'ai essayé de me lever mais mes jambes n'ont pas voulu.

– Attends, Menina, attends ! Ne sois pas si pressée, a dit Ma' Solena.

Elle est partie derrière le comptoir prendre un linge mouillé. Elle l'a passé sur mon visage. J'ai remis mes lunettes. Le monde s'était fracturé en deux, une moitié nette, une moitié brisée. Ma' Solena m'a pétri les mains.

– Menina, dis-moi ce que tu as vu là-bas.

– Un oiseau blanc, Ma'. Un oiseau de neige qui brûlait d'une grande lumière.

– Tu l'as vu ? Tu l'as bien vu ? Tu l'as vu tout entier ?

– Je l'ai vu, du bec à la queue. Il n'avait pas une seule tache. Blanc, avec des ailes d'ange.

Ma' Solena a hoché la tête. Elle s'est renversée sur la chaise, les deux poings sur les genoux.

– La semaine prochaine, je vais acheter le café à la ville, sur la terre ferme, Menina. Tu viendras avec moi. Don Quito te réparera les lunettes et son fils te préparera une grande fête.

Une grande fête. Préparée par un inconnu. Je n'ai pas posé de questions. Il y avait plus important.

– Et pépé João, Ma' ? Est-ce que je le reverrai ?

Ma' Solena s'est levée, majestueuse.

– *Ay*, tu le reverras, tu le reverras.

Et puis elle a ajouté une phrase mystérieuse, plus mystérieuse que le rêve éveillé, plus mystérieuse qu'une fête préparée par un inconnu, plus mystérieuse que l'oiseau blanc :

– Tu le reverras, c'est bien, très bien, et peut-être que tu décideras de le quitter.

Arrivée à la maison, j'ai vu Mme Viranda, encore sur la terrasse, une bouteille d'huile d'olive à la main. Elle était tombée en panne, c'est sûr. Mme Viranda a un cerveau pas plus grand que celui de son cacatoès, dit papa, et elle oublie de faire ses provisions sur la terre ferme, alors elle vient chez nous chercher ce qui lui manque. Papa trouve que maman devrait lui dire une fois pour toutes que nous ne sommes pas une épicerie, mais maman pense que le village est si petit qu'il vaut mieux s'entendre avec ses voisins, et elle donne à Mme Viranda tout ce qu'elle veut, et même parfois, elle oublie de lui réclamer.

Pourtant, j'ai vu à la façon dont maman se frottait les mains que le souper était prêt depuis longtemps et qu'elle attendait un prétexte pour pouvoir quitter Mme Viranda. C'était mon jour de chance. Non seulement, je n'allais pas me faire attraper pour mon retard, mais maman allait être heureuse de me voir.

– Mon Dieu, Nina, ton verre, il est cassé, a dit maman.

Elle m'a prise par les épaules et nous sommes rentrées après qu'elle eut salué Mme Viranda.

Au souper, j'ai eu du mal à me concentrer sur ce que disaient papa et maman. Je n'ai été attentive qu'au moment où il a été question de la réparation de mes lunettes.

– Tu donneras tes lunettes à ton père demain, Nina. Il les fera réparer. Tu resteras à la maison, avec moi. Ce n'est pas la peine d'aller à l'école sans.

Il n'était pas question que demain je ne voie pas Rigoberta, pour lui raconter mon aventure avec l'oiseau blanc. Et puis je devais aller sur la terre ferme avec Ma' Solena.

– Non.

– Comment, non ? a dit papa. Tu feras ce que ta mère a décidé.

– Ma' Solena connaît quelqu'un qui peut réparer mes lunettes pour rien. J'irai avec elle à la ville la semaine prochaine.

Maman a regardé papa qui allait frapper du poing sur la table.

– Et d'ici là ?

– J'irai à l'école.

Maman a soupiré.

– C'est arrivé comment, Nina ?

– J'ai voulu plonger. Quand j'ai enlevé mes lunettes pour les laisser sur le débarcadère, elles sont tombées.

Maman a soupiré plus fort. Elle a de la peine pour moi, parce que je ne peux pas tout faire comme les autres. Elle ne croit pas à pépé João, elle ne comprend pas que je vois des merveilles, alors sa peine est encore plus grande. Elle a empêché papa de crier.

– Laisse-la faire. Si c'est ce qu'elle veut.

– Parfait, a grogné papa. Si deux femmes se mettent contre moi... Qu'elle aille à l'école et qu'elle se fasse des maux de tête à essayer de suivre, mais qu'elle ne vienne pas me demander après de réparer ses lunettes.

Je me suis empêchée de sourire. Il n'y a rien à craindre avec papa. Il est comme un tonnerre sans eau : il gronde, il gronde, mais la pluie ne vient jamais.

Rigoberta et moi, on s'est calées contre la palissade. Les autres jouent au foot. Tout le monde dans l'île est passionné de foot. Le bar à côté de l'embarcadère est bourré tous les samedis soirs parce que les hommes vont suivre les parties ensemble, sur un poste de télévision si vieux que les couleurs sont déteintes.

– Raconte-moi, a dit Rigoberta.

Elle est si vivante, mon cœur saute entre mes côtes : elle est la plus vivante de toutes et elle est mon amie.

Je lui ai raconté l'histoire des lunettes, mais elle sait déjà parce que Paolo la lui a confessée. Alors je lui parle de Ma' Solena et de son chant. Je termine avec le rêve de l'oiseau blanc, la plus belle créature que j'aie jamais vue.

Rigoberta réfléchit.

– Tu n'as pas peur, Nina ?

Je suis surprise.

– Peur de quoi ?

– Peur des pouvoirs de Ma' Solena. Certains dans l'île disent qu'elle est une sorcière.

Je me fais presque mal au cou à force de me tordre la tête pour regarder Rigoberta bien en face. Maman m'a mis une compresse sur le verre droit, le verre brisé, pour que je ne devienne pas folle à force de voir le monde éclaté. Du coup, il faut que je me tortille quand je veux voir quelque chose sur le côté. Je plante mes yeux dans ceux de Rigoberta.

– Je n'ai pas peur une seconde. Ma' ne me ferait jamais de mal.

Rigoberta fronce les sourcils. Elle est préoccupée. Elle pose sa main sur ma tête comme si j'étais encore un bébé.

– Fais attention à toi. Tu me le promets ?

Je promets entre mes dents. Je sais qu'il n'y a rien à craindre.

La semaine suivante est arrivée. Les jours se sont traînés, plus lents que des lézards à la sieste. J'ai rassemblé dans un petit sac de paille ce que maman m'a donné pour le voyage : un peu d'argent, du pain aux olives, un mouchoir et de l'eau de Cologne.

Ma' Solena m'a donné rendez-vous à l'embarcadère. J'ai embrassé maman qui m'a serrée contre elle plus fort que si je partais en Chine. Sur le chemin de l'embarcadère, j'ai pris soin de lever les pieds. Les rues de l'île sont de sable gris et, quoi qu'on fasse, il y en a toujours un peu qui se glisse dans les chaussures.

À peine ai-je rejoint Ma' que le bac arrive. Nous sommes parmi les premières à nous glisser sur les banquettes, à l'arrière, à l'ombre d'un petit auvent. Le bac fait rugir son moteur. Le bateau balance sous le poids des passagers qui montent. Je suis si excitée que je manque balancer le contenu de mon sac à l'eau. Pour me calmer, Ma' a fouillé dans son cabas. Il contient une chose lourde, recouverte d'un linge.

Ma' s'est emparée d'un sachet, qu'elle a ouvert. Elle m'a tendu une pâtisserie à la fleur d'oranger. J'ai mordu dedans alors que le bac se détachait de la rive et commençait à fendre l'eau. Le vent de la course m'a soulevé les cheveux. J'ai agrandi mon œil gauche jusqu'à ce qu'il fasse mal. Il n'était pas question que je perde quoi que ce soit de mon voyage avec Ma' Solena sur la terre ferme.

L'arrêt du car qui part pour la ville fait face aux bassins où les hommes laissent s'évaporer l'eau de mer pour recueillir le sel. Ma' Solena a ouvert une ombrelle verte et jaune pour se protéger du soleil qui frappait dur. Je me suis réfugiée à l'abri de son ombre. Nous avons bavardé et le car est vite arrivé. Il s'est arrêté pile devant nous et le chauffeur a aidé Ma' Solena à monter.

Nous nous sommes installées à l'arrière, sur toute la banquette. Il y avait moi, le cabas et son contenu pesant, l'ombrelle repliée, et Ma' Solena qui agitait un éventail malgré l'air conditionné. Nous avons chanté une chanson d'amour dont je ne comprenais pas les paroles puis Ma' s'est assoupie. J'en ai profité pour regarder le paysage. Sur la terre ferme, les champs défilent après les villages, et à mesure qu'on s'approche de la ville les villages deviennent plus importants.

Ma' Solena s'est réveillée fraîche et souriante. Nous avons bu un peu de limonade.

– *Ay, Ay*, Menina, est-ce que ta maman t'a expliqué comment on devient une femme ?

J'ai essayé de me souvenir d'une conversation que j'aurais pu avoir avec maman sur ce sujet mais c'était le vide.

– Non, Ma'. Je n'en sais rien. Est-ce que c'est grave ?

Elle a claqué dans ses mains d'amusement.

– Menina, veux-tu le savoir ? Veux-tu que je te l'apprenne ?

J'ai hésité. L'avertissement de Rigoberta a résonné dans mon crâne. Mais mon doute s'est vite évaporé. Apprendre à devenir une femme, ce devait être passionnant, bien plus passionnant que tous les cours à l'école réunis.

– Oui, Ma'. Je le veux, je le veux.

Après, je me suis tenue très droite contre le dossier du car. J'attendais un miracle. Papa me raconte souvent l'histoire de pépé João, qui a été se promener sur la plage pendant l'orage et qui est mort foudroyé. Moi, j'attendais que l'éclair de la connaissance me frappe. Je pensais que j'allais comprendre comment on devient une femme grâce à une étincelle que Ma' allumerait en moi.

J'ai été déçue. Le car a continué à rouler. Rien n'illuminait mon ignorance. Ma' Solena a soulevé la serviette qui recouvrait l'objet dans son cabas. Je me suis penchée. C'était une poule.

– Pour toi, Menina. Pour la fête que va célébrer en ton honneur le fils de don Quito.

J'étais déçue. Je ne voulais pas de fête ni qu'on tue de poule pour moi, je voulais qu'on m'explique comment devenir une femme. Pendant le reste du trajet, j'ai regardé par la fenêtre du car.

Le magasin de don Quito était plein de paires de lunettes disposées sur des rayonnages en bois. Je m'y suis immédiatement sentie à l'aise. Don Quito a quitté son atelier pour venir à la rencontre de Ma' Solena. Il l'a embrassée avec appétit. Elle lui plaisait, bien qu'il soit si vieux et si ridé qu'on ne l'imaginait plus avec une femme. Après l'avoir saluée, il s'est tourné vers moi.

– *Ay, ay*, Ma', vous avez emmené votre nièce, c'est très bien, Aranjo prépare la fête, ce sera tout à l'heure, tout à l'heure après la sieste, mais d'abord il faut s'occuper de ses lunettes, je vois qu'il y a un verre cassé ?

Je ne suis pas la nièce de Ma' Solena mais ça ne me dérangeait pas que don Quito le pense. Je lui ai tendu mes lunettes. Il les a prises avec beaucoup de précautions.

– C'est une paire de lunettes précieuses, très précieuses...

Don Quito s'est frotté la barbe. J'ai interrogé Ma' du regard. Est-ce que son ami était au courant, pour pépé João ? Ma' a souri. Elle s'est glissée hors du magasin, vers l'étage, avec son cabas. J'étais seule avec don Quito qui m'a emmenée dans l'atelier pour examiner mes yeux.

– Des yeux qui voient, c'est important, très important. Nous allons réparer les lunettes et tout redeviendra comme avant.

Don Quito m'a laissée dans le flou pendant qu'il travaillait sur un nouveau verre. De temps en temps, il me posait des questions. Il était curieux de ce qui apparaissait, quand je glissais les yeux sur le côté de mes lunettes, comme ça.

Je lui ai parlé de pépé João. Il m'écoutait si attentivement que je lui ai aussi parlé des ombres. Parfois, quand je fixe une personne, si je glisse les yeux sur le côté, à ce moment-là je vois derrière elle une ombre qui danse. Si la personne est joyeuse, l'ombre est fine et se tient debout. Mais si la personne est triste, alors l'ombre est noire et collée au sol.

C'est une chose dont je ne parle presque pas, même à Ma' Solena, mais Don Quito écoutait si bien que je le lui ai dit.

Je me trémoussais au rythme d'une vieille radio quand Ma' Solena est venue me chercher. Mes lunettes étaient prêtes. Don Quito me les a tendues avec un sourire auquel il manquait quelques dents. Ma' ne m'a pas laissée tranquille : elle voulait que je monte. Là-haut, disait-elle, il y avait une surprise pour moi.

J'ai grimpé les escaliers quatre à quatre. Dans le couloir peint d'une couleur rougeâtre, une porte m'attendait, grande ouverte. J'en ai franchi le seuil. C'était une salle à manger plongée dans la pénombre. De l'autre côté des volets, on entendait la ville. Quelqu'un avait disposé une multitude de plats sur la table. Sur un canapé, une robe blanche à ma taille éclaboussait le velours.

Je me suis avancée. Était-ce la surprise dont parlait Ma' Solena ? Puis, sans que rien ne bouge, j'ai vu qu'il y avait un homme assis sur une chaise. Il était immobile, plus immobile qu'une montagne. Il me fixait de ses yeux d'or. Dedans, j'ai senti une force, une force qui m'attirait, plus sauvage que la mer quand elle éclate contre les rochers.

Derrière une porte, j'ai vu la poule, celle que Ma' Solena avait apportée. Elle était disposée sur un plat. Soudain, j'ai senti la peur qui grimpait le long de ma colonne vertébrale. Un souffle glacé m'a enveloppée. Et si Rigoberta avait raison ? Si Ma' Solena était une sorcière ? Entre don Quito et les Yeux d'Or, qu'allait-il m'arriver ? Je pourrais disparaître dans cette maison étrangère, sans laisser aucune trace, et mes parents n'en sauraient rien.

J'ai entendu Ma' Solena qui rentrait derrière moi, essoufflée par les escaliers. L'homme aux yeux d'or a lentement tourné la tête vers elle.

– Menina, tu as vu ta robe ?

Ma peur s'est évaporée. La robe blanche qui attendait sur le canapé était pour moi. Je suis allée la chercher. Le tissu était aussi doux que l'intérieur d'une pelure d'orange.

– Et Aranjo, Menina, tu l'as vu ?

L'homme aux yeux d'or s'est animé. Il a levé sa grande carcasse. Sa silhouette remplissait la pièce. Après une petite courbette, il s'est rassis.

– C'est lui qui organise la fête.

Ma' s'est affairée autour de la table.

– Tout ça c'est pour toi.

J'ai souri. Moi aussi, demain, j'aurais une boîte à ouvrir devant Rigoberta, une boîte qui contiendrait des merveilles. Je me suis lancée vers la pièce où se trouvait la poule, pour enfiler ma robe neuve.

– *Ay, ay*, Menina, non. Là, c'est pour plus tard, après la sieste.

Et Ma' a pointé le doigt vers une autre porte. Je me suis faufilée dans une grande chambre avec un lit sombre au couvre-lit de couleur. J'ai quitté mon jean et mon tee-shirt. La robe était à ma taille. En l'enfilant, je me suis sentie différente. J'avais laissé derrière moi l'île et sa poussière. Je me suis regardée dans le miroir de la coiffeuse. Si Paolo me voyait aujourd'hui, il ne me reconnaîtrait pas. J'ai tiré mes cheveux vers l'arrière. Don Quito avait si bien nettoyé mes lunettes qu'elles paraissaient transparentes. Qu'est-ce qu'il y avait en moi de changé ? À ce moment, Ma' a appelé pour le dîner. J'ai laissé mon reflet se balancer dans le miroir.

Nous avons mangé tout ce que le fils de don Quito avait préparé. Des dizaines de petits plats colorés et du canard au jus de manioc, qui laisse la bouche engourdie. Ma' Solena riait avec le vieil opticien qui lui faisait la cour. Aranjo se taisait. Ses yeux d'or restaient fixés sur un horizon qui flottait à l'intérieur de sa tête ou de son cœur.

Dans ma robe blanche, j'étais si élégante, je me suis mise à faire des manières. Je prenais les plats du bout des doigts, comme une princesse aux os fragiles. Je me servais avec un beau mouvement du poignet. Je me tenais très droite, attentive à ma façon de tenir mes couverts. Un moment, j'ai oublié don Quito et Ma' Solena. J'étais légère, plus légère qu'un souffle de vent. C'est alors que j'ai senti le regard d'Aranjo sur moi. Il m'intimidait tellement que j'ai glissé les yeux sur le côté, comme ça. Derrière lui, j'ai cru voir l'oiseau blanc qui battait des ailes.

Ma' Solena et moi, nous avons reçu la chambre au grand lit sombre, pour la sieste. Ma' s'est couchée sur le couvre-lit de couleur. Elle s'est endormie en tapotant l'oreiller à côté du sien.

– Viens, Menina, il faut dormir, prendre des forces pour la fête d'Aranjo.

J'ai enlevé ma belle robe et je me suis étendue sur le matelas dur, bien plus dur que chez moi. D'un geste prudent, j'ai pris mes lunettes. Le bras tendu, j'ai voulu les poser sur la table de nuit. Mais elle était plus éloignée du lit que celle que j'ai à la maison alors j'ai dû me pencher. J'ai poussé un petit cri. Une douleur me transperçait la poitrine. Elle filait jusqu'à mes doigts.

Je me suis calmée en écoutant la respiration de Ma' Solena, couchée sur le dos. Qu'est-ce qui m'arrivait ? Peut-être que j'étais tombée gravement malade, sans le savoir. J'écoutais les bruits du dehors. Le sommeil ne venait pas. Il fallait que je recommence.

J'ai roulé sur le côté. La douleur a poussé dans mes côtes. Elle m'enlevait le souffle. Doucement, de peur de réveiller Ma' Solena, j'ai soulevé ma chemise. L'estomac était normal. Mais sur ma poitrine nue, deux tétons roses avaient éclos.

Un bruit m'a réveillée. Avant d'ouvrir les yeux, j'ai été saisie par la fraîcheur de la chambre. Je me suis recroquevillée. Le toucher de la couverture m'était inconnu. Entre mes cils, je devinais des couleurs violentes. Peut-être que j'étais chez Rigoberta, sur le lit de sa grand-mère. J'ai bougé un peu. Le sommeil me tenait encore entre ses bras.

– Rigoberta, j'ai chuchoté.

Le silence est retombé. Je n'étais pas chez Rigoberta, j'étais nulle part, entre le rêve et le réel. Tout pouvait arriver. Ginja allait surgir du coin d'ombre et venir s'asseoir sur le lit. Maman entrerait pour me secouer.

– Menina...

Cette voix qui m'appelait, je la connaissais. Je me suis redressée lentement. J'ai posé mes lunettes sur mon nez. Il n'y avait personne dans la grande chambre au lit sombre.

– Menina...

J'avais rêvé, maintenant j'en étais sûre. J'avais rêvé d'un très petit enfant qui parlait, parlait, sans pouvoir s'arrêter. Ce très petit enfant, c'était moi. Je m'en souvenais dans mon corps. Depuis que j'étais réveillée, j'avais la sensation de grandir à chaque seconde.

– *Amor miou... tésorou...*

Je me suis levée. Le carrelage frottait sous mes pieds. La robe ne pesait presque rien entre mes doigts. Un battement, une sorte de tambour, résonnait dans la maison.

– *Amor* Nina...

Qui était la fille dans le miroir ? Elle avait les cheveux sombres et un petit duvet sur la lèvre. Un courant de nervosité a raidi mes jambes.

– Nina...

J'ai poussé la porte de la chambre.

Dans la salle à manger, le tambour vibre. La table est nue comme s'il ne s'était rien passé, comme s'il n'y avait pas eu de repas. La table est nue et lisse. Le bois luit. La table ignore qu'à quelques mètres, dans une pièce mystérieuse, un tambour bat un rythme sauvage, plus sauvage que le tigre quand il déchire sa proie.

J'avance. J'avance vers le tambour. J'ai dit oui à Ma' Solena, oui, que je voulais apprendre comment on devient une femme. Quelque chose me dit, le battement du tambour, la cascade du sang dans mes veines, que la réponse n'est pas très loin, qu'elle est peut-être là, dans la salle où se trouve la poule, dans la salle vers laquelle j'avance pour y pénétrer.

À l'intérieur, il y a Aranjo, immobile comme toujours, mais les yeux tournés vers l'extérieur cette fois, des yeux d'or qui me portent au centre de la pièce, vers un petit tabouret qui m'attend.

Sur sa droite, en retrait, don Quito bat du tambour. Il n'a plus l'air ni vieux ni ridé. Ses mains frappent la peau en cadence. Don Quito est devenu aussi beau qu'un dieu dans l'odeur des fleurs blanches et rouges qui se trouvent partout.

Mais même la beauté de don Quito ne dépasse pas celle de Ma' Solena qui danse, vêtue d'une robe africaine rose et brodée sur le devant, Ma' Solena pieds nus, qui frémit avec la musique les yeux fermés.

Aranjo me fait signe. Je bois un verre de limonade qui se trouve à côté du tabouret. La poule morte est couchée dans son plat, entourée de bougies. Le jus de mangue me coule dans la gorge, accompagné du gingembre et d'un autre goût, que je ne reconnais pas. Ma' Solena rejette la tête en arrière. Elle chante. À la lueur des bougies, sa peau noire a des reflets bleus.

J'attends. Les mains de don Quito se durcissent, le rythme s'accélère, la voix de Ma' Solena devient rauque, elle crie, sa tête accompagne le tambour à se détacher. Je sais qu'Aranjo tient son regard sur moi mais je n'en ai pas besoin. Le tambour bat au fond de mon ventre. Quand mon esprit se détache, quand je pars vers ailleurs, comme sur la plage, il y a une semaine, alors je glisse les yeux sur le côté, comme ça.

Tout va si vite que j'ai le souffle coupé. L'oiseau blanc est apparu, parmi les fleurs rouges et blanches, immense, et il m'a enlevée.

Je vole, je vole au-dessus de l'île et du monde, loin du débarcadère, de Paolo et de Rigoberta, je vole et je ne suis plus la fille de personne, je suis Nina, la fiancée de l'oiseau blanc qui regarde sa vie défiler sous ses pieds, à des milliers de kilomètres.

Je vois mon corps étendu à côté d'un cactus, je vois les graines que contient mon ventre, je vois l'une d'elle éclore. Plus tard, dans la vallée aux eaux turquoise, je donne la tétée à un nouveau-né.

Dans une maison en feu, je vomis un torrent. De ma bouche sortent des poissons aux écailles translucides, des sirènes, des monstres. Les hommes et les femmes qui attendent au pied de la montagne s'en nourrissent.

Je traverse les nuages et c'est ainsi, maintenant papa et maman sont très vieux et c'est moi qui m'occupe d'eux et je pose sur leurs genoux Aranja, ma fille unique, qui parle et n'arrête pas de parler.

Aux noces d'Aranja avec un aigle, je bois de la fumée et le monde m'apparaît dans toutes ses formes, à l'infini.

Plus tard, je suis morte, couchée dans les fleurs rouges et blanches, et mon esprit a rejoint le vide alors que l'oiseau blanc pique vers la terre, mes bras accrochés autour de son cou, et que la mer se rapproche à toute vitesse, un miroir de fer, et nous tombons, et je sens un vertige qui m'étourdit, je vois la mer s'ouvrir, l'oiseau blanc se désagrège, la musique crève les murs, Ma' Solena tourne sur elle-même, possédée, Aranjo ouvre la poule et je glisse du tabouret, une plume blanche entre les doigts.

Mon esprit flotte dans le silence. Je vois Ginja, ma jumelle, avec un peu de sang sur les doigts. Elle est grande, beaucoup plus grande que sur la photo. Elle aussi a de petits seins qui pointent sous sa blouse. Je comprends qu'elle a mûri en même temps que moi, et qu'elle sait déjà comment on devient une femme. Je lui souris. Elle est là, si proche, puis elle disparaît.

Je flotte, comme si j'étais couchée sur l'eau. Impossible de dire si on est aujourd'hui ou demain. Je sens ma peau qui vibre, de la tête aux pieds. Un courant me traverse. J'attends. Le souffle d'un vent qui vient de je ne sais où m'enveloppe. C'est une longue caresse que je ne connais pas, différente des baisers de maman. Elle me laisse des émerveillements sur tout le corps.

Une vague a éclaboussé mon visage. Je me suis éveillée dans la chambre au dessus-de-lit coloré. Ma' Solena m'aspergeait de gouttelettes d'eau. Elle était tranquille. Ses pieds ne faisaient pratiquement pas de bruit en glissant sur le sol.

Je suis restée encore un peu comme ça, allongée. Je suivais les ombres au plafond. Sous mes doigts, l'étoffe de la robe blanche crissait. Une fatigue heureuse engourdissait mes bras et mes jambes.

Quelqu'un a relevé le volet du magasin d'optique de don Quito, en bas, dans la rue. C'était Aranjo, j'ai reconnu sa voix quand il a salué un passant.

Brusquement, je me suis souvenue de mon petit

sac de paille. Je me suis assise et je l'ai pris près de moi. Dedans, il y avait le flacon d'eau de Cologne que maman m'avait donné ce matin. Je l'ai débouché et j'ai pris un zeste de parfum du bout du doigt. Je m'en suis mis derrière les oreilles, dans le creux de la nuque et sur les poignets.

En sautant à bas du lit, mes fesses ont frôlé le matelas. J'ai senti un frisson.

Don Quito nous a accompagnées à l'arrêt du car. Il marchait avec une canne, une canne de bois sombre avec une belle poignée. Il donnait le bras à Ma' Solena et lui disait à l'oreille de petits mots qui la faisaient rire sous son ombrelle. Je me faufilais derrière eux, dans la foule, accrochée à mon sac de paille.

Devant une terrasse de café, un petit garçon courait. Il criait : « Je suis un léopard ! » J'ai regardé les clients attablés. Est-ce qu'ils croyaient que don Quito et Ma' Solena étaient mon père et ma mère ? Moi, c'est ce que je sentais, derrière eux, dans la ville qui explosait de lumière.

Bien sûr, je n'oubliais pas que maman m'attendait, sur l'île. Elle devait se balancer dans le hamac qui pend derrière la maison, un magazine à la main. Mais cet après-midi-là, don Quito et Ma' Solena m'avaient révélé un mystère. En quoi il consistait, je ne le comprenais pas encore très bien. Il était tissé d'images et de sensations, et peut-être que ça me prendrait toute ma vie pour en faire le tour.

Prise dans leur sillage, je ne les ai pas quittés des yeux. Mon cœur s'attachait à leurs pas. J'ai traversé les boulevards et les ruelles, je me suis éclaboussée aux fontaines, sans les perdre. Qui sait ce qui allait se passer, plus tard, beaucoup plus tard, quel chagrin, quelle blessure, que le souvenir de don Quito et de Ma' Solena marchant côte à côte pourrait effacer ?

J'ai mémorisé leurs vêtements, leur sourire, leur souffle après une côte, et j'ai enfoui ces trésors dans un recoin de ma tête. Les paysages de Rigoberta n'étaient pas plus beaux que mes parents de l'âme qui se souriaient, complices.

Puis don Quito a soulevé son chapeau. J'ai compris que nous étions arrivées, qu'il s'en allait. Mon cœur s'est soulevé dans ma poitrine, il est retombé d'un coup. Dès que don Quito a disparu, les bruits de la ville sont devenus assourdissants et la poussière m'a prise à la gorge. Deux larmes ovales ont glissé le long de ma joue.

Le car s'est arrêté à tous les villages. Ce n'était pas le même qu'à l'aller. Ma' Solena était chargée du café que lui avait donné Aranjo, avant de partir. Une odeur entêtante montait des sachets. Nous étions enveloppées dans un nuage amer. Peut-être à cause de cela ou des freinages brutaux du conducteur ou de la poussée des passagers qui montaient et descendaient sans interruption, une légère nausée m'a prise.

– *Ay, ay*, Menina, tes lunettes sont réparées.

Ma' Solena a pris ma main droite. Elle a frotté la paume, de ses doigts forts. Le mal au cœur a presque disparu.

Elle m'a parlé de la fête, de ce qui allait se passer, pour que je devienne une femme. Ses mots se mélangeaient avec les visages des voyageurs, avec les caractères imprimés sur leurs journaux. Je les retrouverais quand j'en aurais besoin.

Quelque chose me tracassait : la réaction de papa et maman. Je ne revenais pas la même, est-ce qu'ils allaient le remarquer ? Ils étaient tellement habitués à ce que je sois une enfant.

J'ai essayé d'imaginer ma vie dans l'île, maintenant que je savais que le monde était plus vaste que les paysages de Rigoberta et les merveilles de pépé João mis ensemble. Qui me croirait ? Est-ce qu'il valait mieux oublier tout ce que j'avais vu ?

Quand j'ai tourné la tête, Ma' Solena dormait, la bouche ouverte. Doucement, j'ai essuyé avec mon mouchoir le filet de salive qui lui coulait des lèvres.

J'ai glissé les yeux sur le côté, comme ça. Son ombre était celle d'une grande pierre, d'un arbre au milieu d'une forêt, d'une mère pélican. Dans son ombre, Ma' était une géante du début du monde.

Vite, j'ai regardé droit devant moi. Il ne fallait pas que je devienne voleuse, que je prenne aux autres leur secret.

Les voix et le mouvement dans le car étaient fatigants. J'ai enlevé mes lunettes. Le flou de l'extérieur m'a laissée seule au milieu des autres. Alors, l'oiseau blanc a surgi. Je l'ai contemplé, ses plumes de nacre, sa brillance. À ce moment-là, j'ai compris que les images du mystère ne seraient jamais perdues. Elles apparaîtraient dans la solitude, aux moments propices.

Le vent s'est levé alors que le bac traversait le bras de mer pour venir nous chercher. À part Ma' Solena et moi, personne n'attendait. La sieste avait alourdi Ma'. Elle ne chantait plus. Ses yeux devenaient violets quand ils regardaient vers le large. Jamais je n'oserais la questionner. Jamais son visage n'avait été aussi dur. Jamais elle n'avait serré aussi fort les mains autour de son cabas.

J'ai hésité. Peut-être que les femmes échangeaient des histoires, des histoires comme celles que maman raconte à papa le soir, dans le lit. À travers la cloison, je les entends parler. J'ai très envie de me lever et d'écouter à leur porte mais la peur de ces confidences qui ne sont pas pour moi me retient.

Le vent soulevait des tourbillons de sable chaud. J'ai posé la main sur le bras de Ma'. Elle ne m'a pas prêté attention. J'ai cru que c'était ainsi, que rien ne viendrait, que c'était trop tôt, qu'elle me voyait toujours comme une petite fille à qui on ne confie rien, sauf quelquefois des souvenirs d'une autre enfant.

– Nina, tu n'as pas connu mon bel Osvaldo.

La parole de Ma' a commencé à se dérouler et ni le sable qui roulait ni le bac qui s'immobilisait au milieu du bras de mer n'ont pu l'arrêter.

Osvaldo, c'était l'amour, l'amour de Ma' Solena, un amour musicien qui jouait de la trompette. Tous les soirs, il partait jouer dans les bars. Il revenait au milieu de la nuit et Ma' l'attendait, avec de la *cachaça* et des plats épicés, comme il les aimait. Quand ils avaient mangé, ils dansaient. Ma' était jeune, ses hanches riaient sous les mains d'Osvaldo. Ils ne se couchaient jamais avant l'aube.

Ma' aimait Osvaldo comme aucune femme n'aime aucun homme. Elle en était si sûre qu'elle passait des journées sans parler, seulement perdue dans les bras de son mari, dans le son clair de sa trompette, dans son odeur d'orange amère.

Une nuit, alors qu'elle l'attendait, elle avait entendu du bruit devant la maison. Ils habitaient un quartier pauvre, à la limite de la ville. Chaque soir, Ma' entendait les voyous du quartier se battre. Elle ne sortait jamais, par prudence, mais cette nuit-là, son instinct lui avait fait ouvrir la porte.

Ils étaient quatre. L'un d'eux tenait à la main un couteau. Osvaldo a levé les bras, sa trompette lovée dans son étui. Le couteau s'est glissé entre ses omoplates. Les quatre ont disparu. Osvaldo est tombé, le visage dans une ornière, la chemise couverte de sang.

Le bac accostait. Nous y sommes montées. La mer qui claquait sur la proue nous envoyait son écume. J'avais entendu ma première confidence d'après la fête, d'après le vol sur le dos de l'oiseau blanc. Le monde était-il si dur ? Et l'amour, à quoi ressemblait-il pour que la face de Ma' Solena porte le deuil d'Osvaldo comme un masque ?

Le passeur a demandé à Ma' de chanter. Dès les premières notes, le masque s'est brisé. Le passeur a souri. Le chant de Ma' se battait avec la bourrasque. Il m'apprenait qu'après la douleur, il peut y avoir de la joie, une joie fragile comme les verres de mes lunettes, ou comme la vie de pépé João, mais qui existe, qui bondit vers le ciel.

Quand nous sommes arrivées sur l'île, Paolo et les autres couraient vers leurs serviettes à cause du vent qui les léchait. Ils grelottaient et sautaient d'un pied sur l'autre. Je n'ai pas vu Rigoberta. Le bar du débarcadère était vide, à part quelques hommes qui jouaient au flipper.

Tout m'a paru petit. J'ai pris une anse du cabas. Nous nous sommes apprêtées à remonter la rue principale, qui aboutit à la plage. Des canettes et des emballages de glace filaient sous nos pieds. Le sable qui se levait nous agaçait les jambes. Une chanson italienne sortait du juke-box du bar et claquait dans l'air par bouffées.

Je me demandais si j'allais supporter de rentrer à la maison, entre papa et maman, tous les jours. Si rien n'avait changé, à quoi cela avait-il servi d'aller à la ville ?

Nous avançions les yeux baissés, Ma' Solena et moi. Soudain, j'ai vu surgir une paire de jambes. C'était Paolo. Il avait eu le temps d'enfiler son tee-shirt. Il s'est arrêté devant moi.

– Tes lunettes ? Elles sont réparées ?

J'ai hoché la tête. Il a filé vers les autres. Il s'est retourné en même temps que moi. Nos regards se sont croisés, ils se sont retenus, comme si quelque chose les aimantait. Nos regards se sont parlés, ils ont murmuré des choses invisibles, qui courent sous la peau, et électrisent.

Ma' Solena m'a pressée.

– *Ay, ay*, Menina, vite ! Le vent va nous manger la peau.

Nous sommes arrivées à la baraque, essouflées. La mer se soulevait en vagues rapides. Elle se fracassait sur le rivage puis retournait vers le large, entraînant avec elle les algues noires qui tressent une ceinture tout autour de l'île.

Ma' s'est affairée. Elle a empilé ses paquets de café et nous en a préparé un, bien sucré, avec un peu de cannelle. Je l'ai bu lentement, dans le jour qui baissait. Sous le toit de tôle de la baraque, nous étions à l'abri. Le cabas se vidait. Ma' alignait des paquets d'herbes sur la table. Elle s'est assise pour passer une pince dans ses cheveux.

– Nina, *amor miou*. Il faut me faire une promesse.

Mon regard a croisé ses yeux bruns, à certaines occasions jaunes, à d'autres d'un vert piqué de points rouilles.

– *Ay*, il faut promettre de ne rien dire, ne rien dire de la fête d'Aranjo.

J'ai pensé que si j'obéissais, je ne pourrais jamais confier à Rigoberta comment on devient une femme.

– Aranjo sait comment appeler le mystère, Menina, il ne faut pas révéler son secret. Les mystères doivent habiter nos profondeurs. Si un étranger les découvre, ils perdent leur force. Alors, on se couche parce que le mystère ne nous porte plus.

Je ne voulais pas. Mais quelque chose de plus grand que moi est remonté le long de ma colonne vertébrale et j'ai hoché la tête.

Je me dépêchais, pour que maman ne s'inquiète pas, mais arrivée au centre de la place, je me suis adossée au pin parasol. Un tourbillon de sable s'est infiltré sous mes lunettes. J'ai sauté jusqu'à l'auvent qui couvre le banc des vieux. Paolo était accroupi contre la paroi de béton, un morceau de bois à la main.

– Tu te promènes ?

– Je rentre chez moi, j'ai dit.

Il s'est redressé. Ses yeux balayaient, il n'osait pas me regarder en face. Pourtant, je sentais bien le frisson qui le secouait.

– Paolo ?

– Oui ?

Il creusait le sable du pied, le sable gris du chemin. Une fine pellicule blanchâtre couvrait ses chaussures. Je lui ai pris la main. Elle était dure. Plus dure et plus grande que celle de Rigoberta, que j'étalais pour jouer à la voyante.

– Nine, il a dit, Nina...

Sa voix s'est cassée. J'ai pressé sa main entre mes doigts, j'ai lissé sa paume, je l'ai caressée du bout de mes lèvres. Mon cœur battait en folie. Ma tête basculait dans un vertige. C'était étrange que ce soit lui, le plus sauvage, celui qui criait le plus fort.

– Qu'est-ce que tu sens ?

Ma' Solena m'avait avertie : ne jamais révéler le mystère, et ce sentiment qui me pinçait les côtes en faisait partie, je le savais. Si Paolo voulait le connaître, il devrait le deviner à la douceur de ma peau.

Nous étions face à face. Je ne sais pas qui a commencé, mais nos lèvres se frôlaient.

J'ai respiré à fond, j'ai murmuré « À demain » et j'ai sprinté vers la maison.

Maman m'a posé vingt mille questions. J'ai essayé de ne pas mentir. Je n'aime pas mentir, ça me donne l'impression que je suis sur un fil d'équilibriste et que je vais tomber. Heureusement, l'embarras m'a fait trépigner. Un filet de sable a coulé sur le carrelage. Maman m'a envoyée à la douche.

À peine sèche, je me suis talquée. Ma chambre m'attendait, pareille à ce matin, avec son mur vert d'eau et mon petit lit, un lit de bateau que papa a récupéré.

Je me suis assise. Mes lunettes sur le nez, j'ai glissé les yeux vers la gauche, comme ça. Pépé João est apparu. C'était bien lui, le dos voûté, les chaussures lacées, ses mains noueuses qui se tenaient tranquilles, croisées sur les genoux.

– Pépé !

Il fixait un point devant lui, pensif. Au bout d'un moment, il a frotté ses pouces l'un contre l'autre. J'attendais qu'il me raconte ses voyages, qu'il me découvre des merveilles, mais il se taisait, l'air malheureux. À écouter son silence, j'étais transpercée de mélancolie.

– Pépé, tu as vu la danse de Ma' Solena ?

Il a sursauté. Ses maigres épaules ont tressailli. Un murmure est passé dans la chambre, si ténu que je me suis demandé si ce n'était pas le vent qui froissait la pelouse désséchée par la chaleur.

– Nina, il ne faut plus m'appeler.

J'ai failli le secouer. Puis, je me suis calmée.

– Qu'est-ce que tu veux dire, pépé ?

– Nina, tu vas devenir une femme. Je ne peux pas rester là.

– Tu veux dire que je ne te verrai plus ?

– Dans ta mémoire, Nina. Dans tes souvenirs, tu me verras.

– Mais plus chaque jour, tu ne me raconteras plus d'histoires ?

– Ce n'est plus nécessaire. Les histoires, tu vas les vivre, et ce seront les tiennes.

– Pépé, je ne veux pas te quitter.

Il a chuchoté une phrase douce. Je l'avais à peine saisie que ma fenêtre s'est ouverte sous la pression du vent. Dans le souffle de la tempête, l'image de pépé João a oscillé. Il tremblait, vacillait. Je me suis battue pour le garder près de moi puis j'ai accepté. C'était ainsi. Je l'ai laissé partir. Quand la tornade s'est retirée, pépé João a été aspiré avec elle.

Après, je me souviens que maman a ouvert la porte de ma chambre. Il faisait nuit. Elle m'a retiré mes lunettes qu'elle a posées sur la table de chevet. Le vent était tombé. J'ai posé la main sur mon ventre, qui tirait. Je rêvais de Ginja et d'un panier de fruits rouges.

Nara

J'étais très jeune le jour où j'appris que j'étais l'arrière-petite-fille du cheikh de Baskinta. Nous étions à Paris. Ma mère, regardait le jardinier tailler les buis. Son regard vert d'eau, qui impressionnait tellement ses interlocuteurs, était rivé aux ciseaux qui traçaient des lignes nettes. Nara se dressait, droite, entre les tentures de soie. Je n'étais pas allée à l'école. J'avais la fièvre. Après avoir répété ma fugue de Bach au piano, je m'étais sentie faible et ma mère m'avait couchée sur le grand canapé jaune du salon. Un plaid à la main, pour m'endormir peut-être, elle avait commencé à parler. Ses souvenirs l'avaient amenée vers la baie qui ouvrait sur le jardin. Le téléphone n'avait pas arrêté de sonner, comme tous les jours, mais, pour la première fois, je ne vis pas Nara décrocher. Ses assistants ne se croisaient pas dans le hall ni les multiples connaissances de mon père. Nous étions seules, toutes les deux, et elle se confiait à moi. Elle frissonna au bout de son histoire. Un vol d'oiseaux traversa le ciel. Étendant les bras, elle tournoya, pieds nus sur le parquet, et me dit :

– Regarde, mon amour, un vol d'étourneaux. Je te l'offre, comme je t'offre tout ce qui croît sur cette terre.

Elle déposa un baiser sur ma joue et disparut dans la cuisine. Elle réapparut avec un plateau chargé de nos verres multicolores et versa le thé. Penchée sur moi, elle arrangea ma mèche rebelle en murmurant à mon oreille.

– Sur ton front, Camille, je lis ma jeunesse, dans tes mains l'avenir qui s'offre, et dans tes cheveux la splendeur de la vie.

Les vitres de l'appartement ont explosé. Nadia était tétanisée. Pour elle, la guerre ne devenait pas une habitude. Je l'ai prise par la main pour l'entraîner vers l'abri de la cave. Là, elle s'est adossée contre le mur.

– C'est la dernière, a-t-elle dit, la dernière bombe que je vais supporter avec toi ici, dans l'appartement. Je t'emmène chez ta grand-mère.

Les mitraillettes attaquaient les façades. Cela faisait des mois que ni le ciel ni la terre ne nous appartenaient plus. La nuit était déchirée par le pilonnage des mortiers. La terre hantée par les milices. Nassim s'était fait enlever trois jours. Après, il était parti pour le Japon. Tous mes frères et sœurs s'étaient dispersés. Il ne restait que moi, quinze ans, qui circulais entre les décombres de Beyrouth en Mobylette.

– Je ne partirai pas, j'ai dit. Je n'irai nulle part sans toi.

Assise sur le siège passager, je regardais Nadia conduire. À mesure que la ville et les barrages s'éloignaient, nous retrouvions nos âges. Elle était la mère, moi l'enfant. Loin de Beyrouth, à quoi me servait ma témérité ? Il y avait des endroits sur la terre où l'on pouvait aller acheter son journal sans passer à travers les balles. Je finissais par le regretter. Que me restait-il ? Durant les deux dernières années, c'était ça que j'avais appris. Guetter les tireurs à l'affût qui eux-mêmes nous guettaient. Je les avais toujours repérés, sans erreur. J'étais une survivante. Et maintenant, le silence me sciait les nerfs. Le silence pesant des collines. L'absence d'explosion me rendait folle. Je me mordis les lèvres.

Au bord de la route, après un dernier barrage, un chien perdu errait.

– J'ai faim, dis-je.

Nadia s'arrêta. Elle avait préparé de l'*homous* et des aubergines frites. Rien en comparaison de ce que cuisine ta grand-mère. Les gens font des kilomètres pour goûter le pain Markouk de *teta* Zeitaf. N'oublie pas : ta grand-mère a élevé sept enfants. Elle a fait des sacrifices. Sa voix était très belle. Sept enfants. Et moi, la plus petite, je n'étais pas docile, un vrai tourbillon. Et Teta n'était plus si jeune à l'époque. N'oublie pas de le lui rappeler, elle en est si fière : ton grand-père a été le cheikh de Baskinta. Un cheikh respecté.

– Maman, tous les jours en ville il y a des dizaines de morts. Tous ces trucs, cheikh, respect, c'est dépassé.

Nadia a froncé les sourcils. Après l'*homous*, il y avait du yaourt aux figues. Elle a ouvert la porte de la voiture et l'a égoutté dans la poussière de la route, l'air las.

– Ce que j'essaie de te dire, c'est que dans le cœur de ta grand-mère, ces choses sont encore vivantes.

La voiture filait le long de la mer. Le plaisir des retrouvailles avec un paysage familier amenait sur le visage de Nadia une lumière que je ne lui connaissais plus. Ses yeux et ses lèvres suivaient des idées familières qui amenaient derrière elles un sourire ou une moue. En moi, la route suscitait peu à peu un sentiment de panique. Ces étendues ouvertes, qu'aucun immeuble ne bornait, ce ciel qui engloutissait l'horizon sans repères d'antennes ou de câbles. J'avais le vertige, mon estomac se retourna.

Après l'arrêt, j'avais fermé les yeux, mon casque de baladeur sur les oreilles. Nadia me parlait assez haut pour couvrir le volume des basses. Je baissai le son.

– Tu vas rencontrer le vieil Astir. Il est si vieux qu'on dirait que le temps l'oublie. Ta grand-mère l'adore. Il l'a beaucoup aidée quand ton grand-père est mort. Astir n'a pratiquement jamais quitté le village. Il est né à Bzommar puis il est descendu à Daroun quand il s'est marié.

À ce moment-là, je jugeai ma mère très sentimentale. Beyrouth n'était que ruines, n'avait-elle pas compris que la vie ne serait plus jamais la même qu'avant, qu'elle ne pouvait plus l'être, que c'était impossible ? Pour être fort, il fallait se fermer comme une huître et ne rien prendre du monde.

– Astir s'est chargé de tous les travaux dans la maison. Ta grand-mère n'en avait plus le courage. Elle nous a caché que la cave s'affaissait et que l'eau s'infiltrait partout. Astir a commandé les maçons. Sans lui, la maison se serait écroulée.

– Allons nous baigner, dit Nadia.

Elle bondit sur la plage et s'enroula dans les vagues. Je pris une poignée de sable entre mes doigts. Au loin, on entendit les bombardements reprendre. Le soleil sur cette eau m'apparut d'une nudité indécente. Il m'appelait vers lui mais je résistai. Ce que je n'avais pas avoué à ma mère, c'est que je m'étais enrôlée dans les milices. J'avais monté la garde un seul après-midi à côté du musée national, sur la ligne de démarcation, et si je la laissais m'emmener avec elle vers la maison des ruines, c'est que j'avais eu peur cet après-midi-là, si peur que je n'aurais jamais eu le courage de recommencer. Je m'enveloppais dans ma lâcheté avec délectation et je tenais si fort à ma honte que je n'allais pas laisser l'eau de mer m'en débarrasser.

J'aurais pu me lever mais ma paresse nourrissait ce déferlement de pensées noires qui m'accaparaient.

Pourquoi étais-je en vie ? Manifestement, cela ne tenait qu'au hasard. À Beyrouth, la mort vous frappait comme la pluie se met à tomber, soudain, sans prévenir. Elle vous prenait sans question, au détour d'une rue. Ce n'était pas grandiose, même plutôt ridicule, parfois. Dans toutes les familles, il y avait ce genre de trou que pourrait former une pierre en tombant dans l'eau. Un cercle de douleur, des vagues de douleurs, puis la surface du quotidien qui se refermait sur la peine. S'il y avait quelque chose au-delà de l'horizon du visible, nous avions dû le provoquer car la vie se plissait dans une grimace infernale et nous ne savions plus qui nous étions. Au moins moi, allongée ainsi sur le sable, je l'ignorais et j'en transpirais d'angoisse.

Je planais dans le vide, incertaine de ne pas me dissoudre dans la cicatrice que formaient le ciel et la mer en se rejoignant. La chaleur me tourmentait. Nadia se secoua au-dessus de moi. Un voile de gouttelettes salées me couvrit le visage. Le goût du sel me ramena au présent. Nadia demeurait dressée sur le sable, sentinelle qui me protégeait du mal.

– Quand ton père était en vie, dit-elle, il adorait

cet endroit. Après sa sieste, il chantait et il dansait rien que pour moi.

Elle s'assit, le dos très droit. Se tenir droit représentait pour Nadia une sorte d'armure absolue. Rien ne pouvait vraiment déraper si l'on restait droit face à l'adversité. De ses yeux allongés, qui partaient vers les tempes, elle m'observait. Elle attendait que j'amorce le rituel. Depuis que mon père avait disparu, il fallait répondre sans tarder. C'était pour elle une évocation, un geste qui enrobait la cruauté de son absence.

– Les caprices, les caprices de tes yeux noirs me feront mourir d'amour. *Qâtilî bi ghunji l-kahali*, chantonnais-je, consciente de ma voix juvénile qui ne remplacerait jamais celle de Moïse, si grave.

Des larmes coulèrent sur le visage de Nadia.

– Maman ! criai-je. Et je courus jusqu'à la voiture, refusant l'irréparable de toute mon énergie.

Une scène me revint à la mémoire : nous étions tous dans une longue pirogue de bois. La pirogue fendait une eau argentée couverte de centaines de pélicans qui produisaient un bruit infernal. Moïse se retournait pour nous photographier et, au moment où il appuyait sur le déclencheur, les oiseaux s'envolaient, provoquant une sorte de raz-de-marée. Nous étions trempés. Était-ce un souvenir qui m'appartenait réellement ? Quand nous avions quitté Kaolack, je n'avais que trois ans. C'étaient mes frères et mes sœurs qui avaient alimenté mon imagination avec l'histoire de la famille au Sénégal. Moïse y avait été heureux, c'est ce qu'il disait lui-même. J'essayai de chasser l'image de mon père, un homme aux tempes grises, les manches de chemise retroussées sur de belles mains, souriant, même aux moments les plus difficiles. Je sentis que Nadia y pensait aussi, que le rituel sur la plage avait fonctionné à l'envers et qu'au lieu d'alléger sa peine, il l'avait aggravée.

– De quand date la maison des ruines ? dis-je, pour nous sortir de notre chagrin partagé.

Nadia alluma une cigarette.

– La maison des ruines est plus vieille que la plus vieille personne sur terre.

Ce sens de l'exagération. Précisément ce qu'il adorait en elle.

Les collines se succédaient. Un vent léger se leva. À Beyrouth aussi parfois, le vent gonflait dans un soupir un voile à une fenêtre alors que la ville semblait avoir été détruite par une tornade. Je me demandais à quoi ressemblait l'appartement, ce soir, sans nous. Il me semblait que nous le conservions presque intact par la seule force de notre présence. Je me méprisais de fuir. Avec les autres, j'avais tagué des slogans sur le mur du musée. À quoi bon puisque je n'avais pas tenu ? Dès que j'avais reçu l'arme, je m'étais accroupie derrière un muret et plus jamais relevée. Il y avait eu des coups de feu, des gens couraient sur les toits. Mon corps s'était mis à trembler. J'avais lâché l'arme. Un garçon l'avait prise, plus tard dans l'après-midi. Il n'était jamais réapparu. Pour finir, Jamileh était venue me chercher. Je me trouvais serrée contre le muret, allongée. Elle avait parlé sans colère.

– Rentre chez toi. C'est autre chose, dans les rues, de zigzaguer avec la mort, et ici, de la donner.

Ma Mobylette attendait, intacte, contre un volet clos. Je l'avais poussée, et jamais, jamais, sa vibration ne s'était autant communiquée à mon corps qui s'en allait de toutes parts, en lambeaux, alors que je rentrais chez moi.

À nouveau, j'agrippai la manche de Nadia qui se

rabattit sur le bas-côté. Je me vidai par la fenêtre, écœurée par la bile.

Ma mère passa un mouchoir baigné d'eau sur mon visage.

– J'espère que Teta saura quoi faire, murmura-t-elle. Parce que moi, je ne sais plus.

Dans la nuit, la voiture s'arrêta devant une petite maison perdue au bout de Daroun. Je rêvais de Beyrouth, du front de mer où des sentinelles sur des canapés de velours fumaient des cigarettes. L'une d'elles se retournait, c'était Jamileh, elle me criait quelque chose. Je me mettais à courir mais ne parvenais pas à l'atteindre et puis, soudain, au dernier étage d'un immeuble éventré, je voyais Moïse qui me faisait un signe de la main, un chat dans les bras. Je me retrouvais à un coin de rue, face à une pharmacie, le chat serré contre ma poitrine. Il avait des yeux jaunes. À ce moment, Nadia apparut à la fenêtre de la voiture, le visage déformé par les phares.

– Arrivées, dit-elle.

Dans cette lumière, les traces de sa vie se lisaient sur son visage, toute la mémoire de notre histoire, le visage de Nadia était le livre de nos souffrances.

Je le pris entre mes mains et me mis à le lisser, sans pouvoir m'arrêter. Au-dessus du lit, dans la chambre des parents, Moïse avait accroché cette photo noir et blanc de Nadia jeune. Elle avait un profil d'aristocrate. Je caressais ses traits, de mes doigts fébriles, encore et encore. Elle se laissait faire, me regardait de ces yeux qui ne me reconnaissaient plus, qui ne reconnaissaient plus son enfant mais le désiraient encore.

– Nara, dit un vieil homme. Laisse faire le temps, il sait ce qu'il fait.

Il détacha mes doigts de cette peau qui était aussi la mienne. Ensuite, un voile noir s'abattit sur mes yeux et je m'évanouis.

Un fil de soleil me traversait le corps. Je m'éveillai sur un lit raide, les nerfs tendus. Le bruit confus d'une radio s'élevait de l'autre côté de la fenêtre. J'entendis des bêlements. La voix claire d'un jeune garçon salua deux femmes. Où était-ce ? Un instant, je crus que j'étais prisonnière, moi aussi enlevée par les milices. Je me levai d'un bond et arrachai du mur la pièce d'étoffe qui masquait la fenêtre.

– Nara, fit la voix de ma mère. Tu es levée ?

Dans l'embrasement de la fenêtre ouverte, sertie dans un mur aussi épais que mon avant-bras, je vis un jardin qui descendait à l'infini. Des papillons se posèrent sur un rosier. C'était si irréel que j'ai pensé : « Ils m'ont tuée. Je suis déjà morte. »

– Nara, viens, nous sommes dehors, viens.

Je vacillai à travers la maison. Ma mère m'attendait, assise à une table chargée de miel et d'oranges dressée sous un arbre. À côté d'elle, une très vieille femme était tassée dans un fauteuil d'osier, entourée de coussins. Elle avait des difficultés à soulever sa tasse et un peu de thé se répandit à terre.

– Qu'est-ce qui se passe ? dit Nadia. Tu as fait un cauchemar ? Tu reconnais Teta ?

La très vieille femme esquissa un sourire fatigué.

Je passai ma journée et une seconde nuit dans ma chambre à écouter en boucle la cassette que j'avais amenée, jusqu'à ce que les piles s'épuisent. Quand la musique s'arrêta, la nuit était calme, si calme qu'au bout d'un moment j'entendis battre mon cœur. Au début, ce n'était pas fort, juste des coups sourds qui résonnaient très profond dans ma poitrine. Mais, amplifiés par le silence, ils montèrent jusqu'à envahir ma tête, la chambre, l'univers entier.

Un cri me fit trembler. Je venais de comprendre que je n'allais pas mourir. Ici, à Daroun, mon cœur danserait sous mes côtes jusqu'à la fin de la guerre et plus loin encore. Mais pourquoi ? Pourquoi la mort avait-elle emporté Moïse, Myriam, Farid, Selima et pas moi ? Pourquoi ? Pourquoi ? Plus forte que la honte de ne pas avoir supporté la milice, j'eus honte d'être en vie, d'être celle qui restait, qui bougeait, qui respirait. Mes ongles griffèrent le mur avec force.

Dans la fraîcheur de la nuit, je trouvai le repos sur une couverture de laine, oubliée derrière la maison.

Le bruit d'une voiture qui démarrait me fit sursauter. Il faisait plein jour. J'étais couchée sous le toit de tôle de l'ancienne remise. Ce hoquet du carburateur, ces passages de vitesse qui grinçaient m'étaient trop familiers. Je me levai d'un bond et sprintai, la couverture encore à la main, vers la route qui passait devant la maison. La voiture s'éloignait, il n'en restait plus qu'un crissement et un éclat fugitif sur le pare-brise arrière. Je la poursuivis en hurlant à pleins poumons.

– Nadia ! Nadia ! Nadia !

Mais c'était trop tard. Ma mère retournait seule à Beyrouth, seule vers notre appartement déserté, seule vers tous les gestes qu'elle y avait partagés avec mon père. Je savais que c'était ce qu'elle voulait, ce dont elle avait besoin. Pourtant, il fallait que je passe ma rage, la rage de me sentir abandonnée sur une route à peine dessinée, sous un soleil si tranquille qu'une bombe ne pourrait même pas le faire vaciller.

Je mis la couverture sur mes épaules. Ce soleil, je le refuserais, je refuserais cette vie qui ne m'était laissée que par hasard, et le froid que je ressentais jusqu'au plus profond de mes os me donnait raison.

Cette vieille femme, ma grand-mère, était assise dans son fauteuil d'osier sur la terrasse.

– Nara, appela-t-elle. Nara, ne laisse pas le chagrin agir. Ta mère a pensé que ce serait plus facile ainsi.

– Et vous l'avez laissée partir, hurlai-je. À Beyrouth, où ils disparaîtront tous, jusqu'au dernier !

– Depuis quatre mille ans qu'elle résiste, dit la vieille femme, Beyrouth ne disparaîtra pas.

Je me recroquevillai au fond de la chambre, sur la couverture. J'avais replacé le bout de tissu sur la fenêtre. Mes écouteurs au fond des oreilles, je n'entendais pas les voix, les sifflements, les pas, les bruits d'assiettes, d'oiseaux et de pioches qui essayaient de me tromper, de me faire croire qu'une vie normale était possible, quand ma mère et mes amis se trouvaient au centre d'une guerre.

Je me réfugiai dans ma mémoire, essayant de garder mon père en vie par des souvenirs sans cesse repris. Moïse qui conduisait, frappant le volant au rythme de ses chansons favorites. Sa manière de toujours sortir de la salle de bains, pour discuter avec ma mère, alors qu'il n'était qu'à demi-rasé. Ses colères, quand l'un de nous n'obéissait pas assez vite. La façon désinvolte qu'il avait de se comporter avec ses clients. Moïse et ses pieds rebelles qui déformaient toutes les chaussures. Moïse qui cuisinait, philosophait, jouait aux dominos.

Dans ma petite enfance, mon père m'avait fait croire qu'il créait le monde pour moi, comme un spectacle, à mesure que j'avançais dans la rue, suspendue à sa main. Les passants n'étaient que des marionnettes qu'il agitait pour mon plaisir. Chaque événement, même s'il semblait triste, devait être pris avec légèreté car il s'inscrivait dans le plan général de la représentation. Une fois le rideau tombé, les fleurs flétries retrouveraient leur éclat, la femme qui pleurait à sa fenêtre rirait en prenant la main de son amant et le chien perdu retournerait à son maître.

Des pas traînants chuintèrent dans le couloir de l'autre côté de la porte. Quelqu'un poussa le battant et le laissa grand ouvert. Je reconnus le vieil homme qui m'avait arrachée à Nadia, le premier soir. Il hésita sur le seuil, un plateau à la main.

– Ta grand-mère voudrait que tu manges, dit-il, et ici, dans la maison des ruines, c'est elle qui commande.

J'étais enfermée dans mon silence. Il entra dans la chambre à petits pas. Le plateau déposé, il sortit un briquet de sa poche. Une flamme à l'odeur de pétrole jaillit. Sa voix passait difficilement sa gorge mais elle possédait un ton joyeux. C'était étrange que ce vieillard transporte à lui seul plus de joie que nous tous. Il brandit haut sa flamme.

– Y-a-t-il quelqu'un dans cette caverne ? dit-il. Je suis le vieil Astir, l'habitant le plus ancien du village, le meilleur plombier et dans mon jeune temps un valeureux guerrier de l'amour.

L'air du dehors me piquait le nez. Après ces journées passées avec Moïse, c'était ce vieil homme qui me semblait lointain, étranger. Les mots qu'il prononçait n'avaient aucun sens. Face à la violence dans laquelle j'avais baigné, sa gentillesse m'apparaissait comme une erreur, un geste déplacé.

Il pivota sur lui-même et éclata de rire.

– Ah oui, Allah est grand, nous avons sur la couverture un petit animal. Serait-ce le chien de troupeau de Khalil ou la chèvre d'Abla ? À l'odeur, c'est la chèvre, aucun doute, oui, aucun doute. De toute ma vie d'homme, je n'ai jamais connu une femme qui ne sente l'amande ou le jasmin. Oui, c'est certainement la chèvre. Je vais remporter le plateau. Teta s'est trompée. Personne n'a besoin de pain Markouk et de thé frais dans cette étable.

En pleine nuit, le courant d'air qui provenait de la porte toujours ouverte me réveilla. Je sortis sur le seuil de la chambre. La maison craquait, grattait, respirait. Je m'aventurai jusqu'à la cuisine. Il y avait du lait crémeux dans une bouteille en verre. J'étalai du fromage frais, de l'huile d'olive et de la coriandre sur du pain. Le pain valait du caviar, plus fondant qu'une crêpe, il se volatilisait dans la bouche. J'en repris, je le déchirai avec des mains qui n'en auraient jamais assez puis avec mes dents pour le sentir céder sous mes lèvres. Ma mère avait raison. Le pain Markouk de *teta* Zeitaf valait qu'on fasse des kilomètres pour le déguster.

Sur la terrasse, le fauteuil d'osier attendait. Il était si imposant que je rentrai. J'ouvris la porte de la salle de bains. Un pommeau de douche sortait du mur à un endroit où le sol s'incurvait. Je l'avais oublié. J'avais oublié Daroun, complètement. Daroun appartenait à une autre vie, une enfance où je criais quand mes sœurs me frictionnaient à la *luffa*, mais ça je le savais parce qu'on me l'avait dit. Je guettai mes souvenirs devant le pommeau de douche en fer de Daroun. Rien. Peut-être étaient-ils trop profondément enfouis sous les décombres de ma ville pour pouvoir remonter.

Dans le couloir, j'entendis une voix. Elle égrenait des noms. J'avançai, mes pieds se crispaient sur le carrelage. Je m'approchai de la chaise, de l'armoire puis du lit de *teta* Zeitaf. Dans son sommeil, elle claqua de la langue et agita une main. Sur la table de nuit se trouvait un verre d'eau. Je le pris. Son visage reposait sur l'oreiller, dilaté par le repos. Ses cheveux étaient dénoués, gris et noirs, répandus sur l'oreiller, comme soufflés par un grand vent. Les rides la creusaient, le visage de Teta était parcouru par onze mille ruisseaux. Je descendis, fascinée, jusqu'à ses mains. Elles avaient la même taille et la même forme que celles de Nadia. En remontant, je croisai le regard de Teta qui m'observait, réveillée. Je lâchai le verre qui se fracassa sur le sol.

La terrasse chauffait sous le soleil matinal. Le vieil Astir ajustait une treille au-dessus du fauteuil d'osier dont l'occupante s'éventait.

– Hé, dit-il, il y a quelques printemps seulement, c'était ta grand-mère qui était le soleil de ce village et tous les hommes se tournaient vers elle pour l'adorer.

Je ne bronchai pas. Je sortais de la salle de bains, les cheveux propres. J'avais passé la *luffa* sur mon corps jusqu'à ce que la peau fasse mal. Il faisait sombre dans cet endroit, seule une minuscule fenêtre donnait sur la pointe des cèdres. J'avais vu passer un vol d'oiseaux. J'étais restée fixée à leur image jusqu'à ce que la chair de poule me gagne. Mes frères et mes sœurs étaient en exil de Beyrouth et moi, j'étais en exil tout court. Je ne savais plus comment me laver, comment manger, quand dormir ou ne pas dormir.

– Nara, appela ma grand-mère.

Elle me fit signe de me rapprocher d'elle. Astir disparut, son escabeau à la main.

Teta me prit par les hanches. Elle m'examina de la tête aux pieds. Je ne parvenais pas à deviner ce qu'elle pensait. Sans que je m'y attende, elle posa sa main sur mon cœur. Je n'éprouvais rien, sinon une légère gêne à me laisser toucher. Mais depuis que je l'avais vue endormie, elle me paraissait plus agile, plus familière. C'était presque la main de Nadia qui était posée ainsi sur ma poitrine. Ma grand-mère ne me regardait pas. Ses yeux défiaient l'air vibrant derrière moi. Je découvris le tronc des arbres dont je voyais la cime dans la salle de bains. Puis, lentement, je sentis un danger se répandre dans ma poitrine. Une douceur, une douceur impensable, insupportable, qui ne pouvait pas exister. Si je la laissais pénétrer en moi, elle me détruirait.

J'ai hurlé. J'ai frappé les murs. Je suis tombée.

Les jours succédaient aux jours. Je me tenais droite sous le toit de la remise. La chaleur glissait sur moi comme les rires des enfants qui m'observaient de la route. Je m'habituais à l'espace infini des collines qui se prélassaient sur l'horizon. Je pouvais les regarder sans vertige. À certaines heures, Teta chantait. Par son chant, elle me signifiait sa présence. Que je prenne le temps. Que je revienne près d'elle quand je m'en sentirais la force. Astir déposait sur la couverture des figues, du pain Markouk et de l'eau. Il m'arrivait d'essayer la chambre pour la nuit mais je ne supportais plus l'odeur des murs.

Le soir, je rentrais dans la maison prendre une douche. Le fauteuil sur la terrasse était vide. Ma serviette m'attendait, pliée, sur le pas de la porte. De la pâte de *rhassoul* fraîche avait été disposée dans un bol sous le pommeau de fer. Une bouteille d'eau de rose l'accompagnait. La première fois que je l'utilisai, je revis passer les oiseaux dans l'embrasure de la petite fenêtre. Pendant une seconde, je nous imaginai tous, rassemblés à une table dans la roseraie. L'image fila.

Un jeudi, à l'heure de la sieste, Astir me ramena une lettre postée de Beyrouth. Nadia était vivante. Elle m'écrivait. Je m'agrippai à l'enveloppe.

– L'impatience tue, protesta Astir.

Il s'écroula sur la couverture, à bout de souffle. Ses cheveux étaient trempés de sueur. Je lui tendis la cruche. Il but. Je reçus la lettre. En plus de deux feuillets couverts de son écriture, ma mère m'avait réexpédié une carte de Nassim. Comme toujours, elle représentait le temple auquel il consacrait son mémoire d'architecture. La légende imprimée au dos disait : *Nara, Tôshôdai-ji.*

Je parcourus rapidement les nouvelles envoyées par Nadia : l'appartement tenait bon, ma mère s'engageait dans des activités qui restaient mystérieuses, Jamileh était blessée, des tracts tombaient sur la ville, la nuit, pour inciter les habitants à fuir, nos amis et nos voisins avaient renoncé à diriger leur vie pour l'abandonner plus que jamais au cours des choses...

Astir me vit songeuse. Avec tendresse, de sa voix rauque, à l'accent si particulier, il déchiffra les mots que Nassim avait tracés au Japon et glissés à ma mère, pour qu'elle me les transmette.

Nara, je vis dans la ville dont tu portes le nom, avec les moines bouddhistes qui ont accepté de me laisser participer à leurs rituels. Hier, j'ai suivi une procession. Nous étions en kimonos et nous portions des ombrelles. Cet hiver, nous suivrons le même sentier dans la forêt enneigée. Il y a ici un bouddha aux milliers de mains et des pins dans la cour du temple. La légende dit que le moine qui fonda ce lieu dut s'y reprendre à cinq fois avant de pouvoir accoster sur la côte et bâtir. À peu près autant de tentatives m'ont été nécessaires pour les convaincre de m'accepter ! Mais maintenant, j'habite le temple de Tôshôdai-ji, dans une petite chambre, et je travaille comme un prince. Nara, je suis avec vous tous les jours. Tous les jours, je me promène dans Beyrouth et je refuse qu'elle devienne notre tombeau. Pendant que les moines méditent, je repense à nos fêtes et à nos rires. Je veux que tu y penses aussi. Ne sois pas triste, Nara, laisse la vie t'emporter. Je pense à toi, Nassim.

Les mains sur les genoux, Astir se redressa. Les larmes aux yeux, il prit un mouchoir dans sa poche.

De le voir, quelque chose se fendit dans ma poitrine. Je ne savais comment réagir. Moi, je ne parvenais pas à pleurer.

Le lendemain, *teta* Zeitaf chanta moins fort. Vers le milieu de l'après-midi, j'entendis le fauteuil racler. Elle s'éloigna. Quelques minutes plus tard, je la vis marcher sur la route, une canne à la main. Une véritable bataille s'engagea dont l'enjeu était ma volonté indécise. Une part de moi était terrifiée à l'idée de rester seule. L'autre se sentait incapable de franchir les limites du jardin. J'étais déchirée, affolée. Mes nerfs lâchaient, comme quand je m'étais retrouvée sur le toit du musée. Non. Je repensai à la carte de Nassim. J'essayai de me contrôler, de réfléchir. De quoi avais-je peur, exactement, dans un sens comme dans l'autre ? À quoi est-ce que je m'accrochais qui me tenait si immobile ? Je levai la tête. C'est le pas de ma grand-mère qui me décida. Un pas ferme, qui ouvrait le monde.

Je courus à perdre haleine pour la rejoindre.

– Teta, où allez-vous ? demandai-je.

Elle sourit. Nous prîmes un chemin vers les hauteurs. J'essayai d'adapter mon pas au sien. Pour m'exhorter à la lenteur, j'observai ce qui nous entourait.

Je découvris que les collines étaient magnifiques. Une chapelle turquoise et blanche se dressait sur une crête. Je crus que Teta nous amenait vers elle, puis vers un ruisseau qui courait dans un verger. Mais nous allions et elle ne s'arrêtait pas, sinon pour respirer le parfum d'une fleur ou observer les mouvements du village.

Son pas était élastique, je trébuchais bien plus souvent. Quel que soit l'endroit où elle nous emmenait, elle s'y dirigeait avec fougue, et en elle, à cet instant, je vis la jeune fille qui avait une voix si prometteuse, dans le grand salon de Beyrouth, avant de porter sept enfants. Une ombre passa sur mon cœur. Comme je devais peu lui ressembler. Je l'observai du coin de l'œil. Elle savourait sa promenade. Un voile de bonheur la dérobait à la vieillesse. D'où provenait-il ?

– Nara, dit ma grand-mère.

Elle fit un geste qui englobait l'ensemble du paysage, m'invitant à le savourer avec elle. J'aperçus en contrebas le toit de la remise. Je réalisai que cela faisait trois nuits que je n'avais pas fait de cauchemars.

Nassim avait raison, la vie ne devait pas s'arrêter. Il fallait s'accrocher à ce qui était là : un chien qui traversait la rue l'air conquérant, une femme qui berçait son fils dans l'ombre de la maison, des insectes qui folâtraient, la terre qui poussait vers le ciel, Teta qui se remettait en marche, la canne habile à déloger les pierres qui auraient pu la surprendre. Je la suivis sans plus y penser, concentrée sur une réponse à envoyer à mon frère, une réponse qui le rassurerait et lui parlerait de la maison des ruines, notre enfance qu'Astir avait préservée.

Au sortir d'un oued desséché, nous débouchâmes, Teta et moi, sur notre vigne. Le raisin mûrissait. Surprise, je me retournai.

– Mais Teta, où sommes-nous allées ?

Elle me regarda timidement.

– C'était trop long, petite. J'avais envie que tu sois près de moi.

Quand je sortis de ma douche, Teta était attablée dans la cuisine. Elle trônait, majestueuse, devant une dizaine de plats garnis et deux assiettes. Dans le soir qui s'allongeait, son visage me confia qu'elle était fatiguée, après ses enfants dispersés, son mari disparu, sa vigne et sa maison restaurées. Le temps était venu pour elle de ne prendre que le plaisir de la vie, l'écume des moments doux.

Je cherchai ce qui pourrait lui faire plaisir. Une idée m'effleura. Je la rejetai puis l'adoptai avec un peu d'appréhension. Je ne pouvais plus seulement penser à moi. Un effort était nécessaire.

Dans la chambre, je fouillai le bagage que m'avait préparé Nadia. Cachée sous une pile de chaussettes, il y avait ma brosse à cheveux. Je m'en saisis et, le cœur battant, l'apportai à ma grand-mère. Son visage rayonna. Elle m'assit sur une chaise près d'elle. Ses mains lissèrent mes cheveux qui n'avaient plus été domestiqués depuis mon arrivée. Elle se frotta les mains d'huile. Mon corps se raidit lorsque ses doigts frôlèrent ma nuque. Je respirai profondément. Tant pis si, dans la douceur de Teta, je sentais fondre l'armure qui aurait pu faire de moi une guerrière. Je ne pouvais pas lui refuser plus longtemps ma présence sans lui faire mal. Pourtant, j'éprouvais un plus grand sentiment de sécurité dans l'adrénaline des bombardements qu'assise sur la chaise de la cuisine. Là, je me sentais nue, vulnérable. Pendant que Teta me coiffait, mes mains agrippaient le rebord de bois du siège. Cent coups de brosse, autant de soins et de caresses.

– Il y a toujours un chemin pour l'espoir, dit Teta.

Elle posa la brosse. J'étais étourdie. Mes cheveux sentaient si bon. La pièce me sembla immense, hors du temps. Je fermai les yeux. J'entendis l'eau couler. Teta se lavait les mains. Quand je relevai les paupières, elle me tendait une paire de ciseaux.

– Nara, va nous cueillir du raisin pour le dessert.

Je me levai docilement.

Dehors, le soir envahissait la roseraie. Je faillis retourner, mais je n'osais pas prendre le risque de contrarier ma grand-mère. Les ciseaux à la main, j'entamai la descente qui menait à la vigne. Le sol s'éboulait légèrement sous mes pieds nus. À Beyrouth, la nuit m'était interdite, sauf de la fenêtre de ma chambre d'où je pouvais partager la vie des voisins, sur les terrasses. Mais alors, l'obscurité était peuplée de bougies et de voix qui s'interpellaient, pas comme ici, où l'arrivée de la nuit figeait les plantes dans une immobilité qui m'impressionnait.

Je pensais avoir apprivoisé les sons et les rêves des collines pendant mes veilles sous le toit de la remise, à regarder les étoiles en songeant à nous tous. Ce n'était pas le cas. Sur ma couverture, je me collais à la paroi rêche de la maison, et même si je gardais les yeux ouverts, mon regard était tourné vers l'intérieur. Tandis que là, je fendais la nuit toute fraîche, peuplée d'appels et de frôlements. Je m'émerveillai d'en être capable.

Les grappes de raisin tenaient dans ma paume. Je prenais mon temps, attentive à les tâter, à reconnaître à leur souplesse les grappes mûres de celles, trop fermes, qui étaient encore vertes. Combien nous en fallait-il ? J'en formai un petit tas que je perdis soudain et que je dus retrouver à tâtons. Accroupie dans le feuillage, quelques mots de la lettre de Nadia me revinrent : « Nous naissons petits et nous grandissons. Le malheur commence grand et décline. » Elle faisait allusion au deuil de mon père.

En cet instant, je pensai très fort à Moïse. Un bruit attira mon attention. Une sorte d'ombre passait à quelques rangées de l'endroit où j'avais déposé mes grappes. Il me sembla que la nuit se faisait plus chaude, comme si elle me couvrait d'une enveloppe protectrice. Il me sembla qu'une voix murmurait à mon oreille les mots dont j'avais besoin. Que rien ni personne ne disparaissait jamais entièrement.

Que les morts vivent en nous et que c'est ainsi que nous pouvons les honorer. Je suivis de la main l'ombre qui se déplaçait vers l'oued. Mes grappes rassemblées, je remontai en toute hâte vers la maison des ruines. Dans la cuisine, Teta écrasait des pois chiches. Elle se mit à rire devant mon visage sérieux.

Je décidai de m'occuper de la roseraie. Astir travaillait dans la vigne. Il ne pouvait être partout à la fois.

– Nara, appela ma grand-mère quand je sortis de la remise, chargée des outils que j'avais pu y trouver.

Je m'avançai vers elle, éblouie par la douceur de ses yeux. D'un geste maladroit, je posai un baiser sur ses deux joues. Elle effleura mon cœur d'une main affectueuse. À ce moment, un voisin surgit sur la terrasse. Je le saluai avant de disparaître.

Les rosiers grimpants ployaient dans le vide. Je m'occupai à les rattacher à la treille. Ces gestes si simples m'absorbaient. Un va-et-vient constant animait la maison des ruines. En une seule matinée, je vis défiler la moitié du village. Les gens me jetaient un regard curieux en partant. Je finis par saisir que

Teta leur avait demandé de se tenir à l'écart pendant tout le temps où je m'étais sentie mal. Maintenant, elle reprenait le cours habituel de sa vie. Cette attention me toucha davantage que tout le reste. Je posai le sécateur avant de sabrer dans un plant au hasard.

– Nara ! dit ma grand-mère dès qu'elle me vit.

Elle était assise auprès de la jeune femme qui lui présentait son nouveau-né. L'enfant gazouillait et des bulles se formaient à la commissure de ses lèvres. Nadia avait dû se tenir ainsi, sur cette même terrasse, car j'étais née au début d'un été et, ce jour-là, Teta avait probablement allongé le cou de la même manière pour saisir sur mon visage les prémices d'un sourire. Une vague d'émotions éclata dans mon ventre. Je la suivis sans rien laisser paraître.

– Teta, voulez-vous que je prépare le thé ?

Ma grand-mère acquiesça. Il y avait une telle fierté dans son regard, que je vis resurgir en ombre dansante sous le soleil implacable, Jamileh qui me relevait de ma garde et me disait de rentrer chez moi. J'avançai vers la maison, consciente de l'amour que Teta me donnait et creusée par une inquiétude naissante : si j'oubliais Beyrouth, Beyrouth me laisserait-il jamais l'oublier ?

J'écrivis à Nassim et à Nadia. Astir m'enseigna à tailler les rosiers. Je commençai à reconnaître un voisin d'un autre. Avec leurs visages, j'appris leur histoire. Je rangeai la couverture, aérai la chambre et regagnai le lit raide des premiers jours. La nuit, je me levais encore quelquefois, en proie à une angoisse sourde, mais je me réfugiais alors dans la cuisine pour avancer les tâches du jour, et soudain le sommeil me prenait sans crier gare et Teta me retrouvait, le lendemain matin, le visage marqué de feuilles de coriandre.

J'accompagnai Astir jusqu'au pressoir et restai à ses côtés pendant que notre raisin broyé rendait un jus épais qu'il me fit goûter.

Je me lavais sans plus m'écorcher. Les heures avaient retrouvé leur place. À la question de savoir ce que je ferais plus tard, je ne répondais plus qu'il était inutile de se poser la question puisque je ne pouvais entrevoir aucun futur à Beyrouth. Au fond d'une armoire, je découvris un ancien appareil photographique. Il me servit de lunette, de périscope. À travers sa vieille focale, je cernai les coins et recoins de la maison des ruines, la consistance de la terre, le vert des cyprès, les figures que les nuages traçaient dans le ciel.

Teta me provoquait en me racontant les mille et une bêtises que ma mère avait commises dans sa jeunesse. Des sept, Nadia, la plus jeune, était la plus turbulente, un vrai tourbillon. J'étais trop sage, au goût de ma grand-mère, il fallait que je rie, que j'aie envie de danser. Elle posait sa main sur mon cœur et une force neuve pulsait sous ma peau.

Un avant-midi, prise d'une envie subite, je préparai un pique-nique et l'emmenai au bord du ruisseau, sous un olivier. Je lui chantai les airs que Moïse aimait. Elle leva vers moi un visage troublé, ému. Au retour, sur le chemin de terre, elle me demanda si je voulais apprendre le pain Markouk.

Je m'élançai sur la colline lovée dans un soleil âpre. À son sommet, la chapelle blanche et turquoise m'attirait vers elle, silencieuse, comme abandonnée. Je n'avais jamais vu quelqu'un y entrer ou en sortir. Par pudeur, je n'en parlais pas à Teta. Je n'avais jamais parlé à personne de ma passion des églises. Peut-être Nassim aurait-il pu la comprendre, mais il était déjà parti au moment où elle m'avait surprise.

À mesure que je m'en approchais, j'essayais de m'imaginer à quoi elle ressemblait, à l'intérieur. Bien que mon imagination la décore de fresques à demi effacées, de guirlandes de fleurs et de statues de bois sombre, je ne m'attendais à rien de précis.

Un cri me fit tourner la tête. C'était Abla qui me faisait signe, son enfant sur le bras. J'agitai la main. Abla tournoya sur la route. Les villageois disaient qu'elle préservait sa beauté par des bains de rosée qu'elle prenait nue, tous les matins, avant l'aurore. C'était le genre de rumeur qui courait, ou était-ce Teta qui les inventait pour me divertir ?

Je parvins au sommet de la colline sans avoir rencontré personne. Le vent effleurait toutes choses, dont mon corps éveillé. La porte de la chapelle était fermée. Assise, je tressai deux herbes à l'infini. Mes doigts s'imprégnaient de leur suc. Lorsqu'il me sembla que le moment était venu, je me levai et poussai la porte de bois turquoise.

Une rafale suivie d'un claquement me firent sursauter. Je m'étais endormie entre les murs blancs, polis par les mains qui les avaient effleurés. Dès que j'ouvris les yeux, l'obscurité m'étreignit. Dans le vent devenu furieux, la porte de la chapelle claquait. Chacun de ses coups m'atteignait au plus profond. J'avais été imprudente, je n'étais pas rentrée à temps, maintenant les coups de feu et les grenades éclataient autour de moi sans que je puisse me réfugier nulle part.

Un éclair tomba. Des grondements sourds répondaient aux vociférations du tonnerre. Je sursautais, je tremblais, je criais dans la violence retrouvée. Sans plus d'armure, élaguée par la douceur, je ne pouvais supporter les sifflements des balles, l'odieux ballet de la mort. Pourtant, il me semblait lui appartenir. Je me levai en tremblant et sortis dans l'air en furie. Des zébrures de lumière argentée balayaient le monde. Mes tympans retrouvaient le fracas des bombes. Je sursautai, écartelée. Mon esprit dévidait une série de visages muets alors que mes jambes s'élancèrent dans le tumulte vers la maison des ruines.

La pluie éclata comme je m'écroulais sur le lit, en proie à un tremblement de tout mon corps. Incapable de me contrôler, je me crispai encore davantage quand je vis Teta au pied du lit. Ses yeux souffraient pour moi d'une douleur partagée. Dans les trombes d'eau qui s'abattaient autour de nous, elle vint me prendre dans ses bras. Je résistai. Je voulais qu'elle s'en aille, qu'elle me laisse seule. C'était inutile, rien n'extirperait jamais Beyrouth tatoué dans ma mémoire. Mais Teta se mit à me bercer. Ses bras fermes m'enserraient dans une étreinte si indulgente que je parlai.

– J'ai été lâche. Je n'ai pas pu garder l'arme...

L'expression de Teta se durcit.

– Petite-fille du cheikh de Baskinta, personne n'est lâche dans la famille.

Elle se redressa.

– Et je t'interdis de prendre à la main une arme qui puisse donner la mort.

Sous le ciel qui craquait, mes tremblements s'espacèrent. Un chagrin profond leur succéda.

– Moïse, criai-je. Moïse...

Sans cesser de me bercer, la main de Teta me caressa le visage. Plus inattendues que l'orage, mes larmes se mirent à couler. Je pleurai la mort de mon père et tout ce qui m'avait fait mal. Je pleurai la nuit entière tandis que de longs souffles entouraient la maison. Mes blessures suintaient des larmes qui les cicatrisaient. Et toute la nuit, dans un soupir, Teta chantonna.

– C'est bien, pleure, Nara, pleure, il faut pleurer.

Le lendemain, je sortis dans le jardin à l'aube. J'eus la sensation que toutes les couleurs avaient été couvertes d'un vernis qui approfondissait leur éclat. Les sons des collines et du village retentissaient à mes oreilles, distincts, éclatants. Ma peau buvait la fraîcheur de la rosée. Je m'assis dans le fauteuil d'osier. La tête me tournait un peu. Derrière les plants de vigne, le soleil inondait les terres.

Si j'étais venue ici nourrisson, alors je venais de naître une seconde fois. La voix de *teta* Zeitaf m'avait accompagnée vers le jour. En regardant vers la roseraie, un reflet vague, une image fugitive, passa dans mon esprit. C'était l'image de Nassim qui courait, les bras tendus vers Astir qui lui apportait une petite brouette.

Dans la roseraie, je pris une fleur entre mes mains. Son parfum répandu sur mes doigts, je me dirigeai vers la cuisine pour pétrir le pain Markouk.

Le volcan bleu

Dans la nuit tiède, un plat de fruits brille doucement sur la table de la cuisine. La lune l'éclaire, éclaire les formes colorées qui chantent l'univers clos de la maison, son odeur de bois exotique, la fragilité de ses murs.

Je marche avec précautions. Je vais faire un voyage, un voyage qui ne me mènera pas bien loin, pas plus loin que les confins de l'île. J'ai laissé un petit mot sur mon oreiller. Mes épaules tirent, c'est le sac à dos que j'emporte. Pour éviter que le plancher ne grince, je me déplace sur la pointe des pieds. Mais le plancher se tait, complice.

Arrivée à la porte, j'hésite. Franchir le seuil et me lancer dans la nuit si forte, si noire, ou rester à l'abri sous mes draps de coton blanc ? Le chien des voisins aboie. Un instant, je pense qu'il va me trahir. La peur que cela se produise, la déception que j'en ressens m'indiquent qu'il faut que je sorte, il le faut, quitte à ce que la peur me ronge tout au long du chemin.

Quand le chien cesse d'aboyer, j'ouvre la porte et je me lance dans l'obscurité touffue de l'île.

Debout sur la véranda, j'ai la sensation qu'un rêve m'effleure. J'attends. Peut-être est-ce seulement le manque d'habitude de me retrouver devant la route avec la lumière crue de la lune comme seul repère. Tout paraît différent. L'île, la nuit, prend un visage tourmenté. Il suffit sans doute d'un peu de patience pour cerner les contours de ce nouveau masque. Debout dans la fraîcheur qui pousse sur ma peau, je respire l'étrangeté de cette heure qui creuse le paysage d'ombres appuyées.

J'ai peine à croire qu'il y a deux mois, l'île m'était encore inconnue. Nous y sommes arrivés pendant la saison des pluies, sous une trombe d'eau. Papa, qui n'en pouvait plus de Paris, avait demandé un contrat dans la coopération. Nous avons attendu longtemps qu'un poste se libère. Les derniers mois, notre appartement était déjà sous-loué. Nous habitions chez tante Didi. Pour nous consoler de notre incertitude, elle nous régalait de confitures tirées de son armoire secrète : figues entières, abricots, pêches-brugnons. L'armoire se vidait et aucune destination ne nous était proposée. Puis, un matin, la nouvelle est arrivée : deux semaines plus tard, nous allions quitter le VIe arrondissement pour l'île.

Avant d'arriver à destination, nous avons survolé des terres parsemées de paillettes d'or, des champs verts découpés en parcelles à l'infini, des montagnes de glace si pleines de lumière qu'elles brûlaient les yeux.

Quand nous avons mis le pied dans le hall de l'aéroport, l'île m'a prise. J'ai regardé dans le rétroviseur du taxi pour vérifier que je n'avais pas changé de couleur de peau.

L'après-midi même, je me suis couchée dans les herbes derrière la maison. De toute ma poitrine, j'ai absorbé les senteurs neuves qui se promenaient sur les terres rousses. J'y ai goûté sans limites, jusqu'à ce qu'elles forment un voile épais au fond de mes poumons, jusqu'à ce que la tête me tourne. Après, je suis rentrée, étrillée de soleil, ivre.

Ce soir-là, avant même que je m'endorme dans le lit de teck, un rêve m'a saisie. Il a déferlé sur mon esprit et en a pris possession. J'étais trop envoûtée par ses images pour avoir envie de me défendre. C'était le premier des rêves de l'île, un rêve si capiteux que je me demandais si j'allais supporter de voir le jour se lever.

Mais le lendemain, lorsque je me suis mise à l'ordinateur pour réviser mes leçons, rien ne m'est paru moins beau, au contraire. Le monde était nimbé du rêve. Il s'était doublé en une seule nuit d'une étoffe de mystère. Et si les apparences n'étaient que le reflet d'un autre univers, plus profond ? La réalité de ce qui m'entourait m'apparut soudain plate et dénuée de saveur.

J'attendis le rêve suivant, couchée sous la moustiquaire. Je lui en voulus de ne pas venir. Je demandais à être capturée. Dans cette attente crispée, les rêves me donnèrent l'illusion d'être oubliée.

Alors je courus dans tous les sens, à la suite de maman qui organisait sa maison. S'affairer est mon meilleur remède contre les déceptions. Je sortis mes livres de leur malle et les rangeai sur une étagère basse. J'astiquai les lampes à huile de la terrasse. Je répondis aux e-mails pressants de ma cousine Agathe qui voulait savoir s'il était possible de faire du roller sur l'île. Et un après-midi, alors que je n'y pensais plus, un rêve m'enveloppa par surprise.

J'appris à me couler dans cet ailleurs magnifique qui m'enchantait. Mes parents le relevèrent mais ne s'en inquiétèrent pas. La chaleur, pensait maman, ce devait être la chaleur qui me laissait dans cet état d'absence, les yeux perdus, le corps abandonné. Moi, je vivais sur la lisière entre le songe et le réel, perpétuellement ballottée entre les deux. Parfois, je ne savais plus où j'étais ni ce que j'avais vécu.

D'où venaient ces rêves ? Est-ce qu'ils m'appartenaient ? Ou était-ce l'île qui me les adressait pour me retenir ? Peut-être que j'étais prise dans un charme, un charme qu'elle m'aurait lancé. Tout cela m'était égal. À part de vagues coups d'œil par la fenêtre aux deux volcans qui se dressaient à l'horizon, je ne m'intéressais à rien d'autre qu'à mes visions.

Ce fut maman qui déchira la bulle, sans le vouloir. « Demain , fit-elle un soir quand nous terminions de manger, nous partons avec ton père. Je veux voir où il travaille. » Papa replia sa serviette. « Départ à l'aube », claironna-t-il. Où qu'il se trouve, papa semble toujours trop imposant pour l'espace restreint de la pièce. Je débarrassai la table, déjà envahie par les images somptueuses qui flottaient devant mes yeux, tels des tableaux posés à la surface d'une eau ondoyante.

Je m'éveillai tôt. Une lumière dense enserrait les contours de l'île. Le ciel était encore sombre. Des pas allaient et venaient de la véranda à la voiture. Mes draps sentaient la lavande. Je m'habillai à la hâte, les yeux gros de sommeil.

Nous partîmes, la voiture couverte de gouttes de rosée qui s'effilochaient sur la carrosserie. Une brume lâche flottait sur la route, à hauteur de regard. Les deux volcans étaient invisibles. J'ouvris la fenêtre pour poser ma tête sur le rebord de la portière et me laisser caresser par ces doigts de brume qui se déchiraient à notre passage.

Le son d'une flûte ailée vint à ma rencontre. La musique accompagnait la danse du brouillard. Je me penchai davantage mais je ne vis rien que les volutes blanches qui s'épaississaient en tourbillons pour disparaître en se cabrant. D'où provenait le son de cette flûte ? Parfois, je l'entendais devant nous, parfois loin, dans la campagne.

J'écarquillai les yeux. Pendant de longues minutes, la voiture roula en chuintant sans que rien ne surgisse devant nous. Puis une charrette émergea de ce doux voile blanc. Elle était tirée par un bœuf qui secouait la tête dans l'effort. Sur la banquette avant, un vieil homme aveugle frappait du bâton pour diriger l'animal. À côté de lui, debout, un garçon de mon âge tenait la flûte entre ses doigts et jouait. Son corps lisse apprivoisait le brouillard. Il se tenait très droit, les yeux fixés sur la route. Jamais je n'avais vu quelqu'un d'aussi beau.

Ils passèrent à nous frôler, le vieux qui grimaçait, et lui, debout, les yeux noirs, la peau couleur de miel d'acacia. Et soudain, le brouillard les reprit. Seul le son de la flûte nous parvenait encore, assourdi, comme si un mur d'ouate s'était soudain dressé derrière nous. Je me demandais à quel monde appartenait cette vision. Étais-je mal réveillée, leurrée par le sommeil qui s'attardait trop longtemps ? Maman, d'un geste négligent, se tourna vers papa : « Tu as vu, c'est étrange, on aurait cru que le vieil homme... »

Il ne m'en fallait pas davantage. Ce corps gracieux, ce visage si fin étaient réels. Je pouvais les retrouver, si je le désirais.

La voiture rebondit sur une piste. Le brouillard se leva. D'un trait étincelant le paysage se dessina sous nos yeux. De la route jusqu'au ciel, des rizières se succédaient, milliers de marches d'eau qui menaient aux volcans. L'un d'eux était noir de seiche. Il fumait ses jours de mauvaise humeur. Parfois, la terre vacillait sous l'ardeur de sa fournaise. Il était le géant rageur, l'insoumis. L'autre, le volcan bleu, était pacifique. Éteint depuis une aube providentielle, il avait offert son cratère à la pluie. Ses eaux, drainées par des milliers de canaux, fécondaient l'île et les hommes.

À ma demande, papa et maman me laissèrent sur une plage. Un rêve survint. Je rêvai d'un miroir qui rendait invisible, puis du volcan bleu, d'une femme avec une étoile tatouée sur la main qui m'y emmenait et me baignait dans son cratère. Je sortais du bain étincelante. Curieusement, pendant le rêve, ni l'odeur ni la vue de l'océan devant lequel je me trouvais ne s'effacèrent.

La nuit suivante, j'entendis le son de la flûte au dehors. Je me précipitai à la fenêtre. Une ombre agile dansait au bord du jardin accompagnée par un petit singe. Était-ce lui, cette silhouette fugitive ? Je sentis un baiser monter à mes lèvres. Mon cœur résonnait secrètement aux variations de la mélodie. Je frissonnai. Un battement de cils et il avait disparu.

J'envoyai un e-mail à Agathe pour la tenir au courant des événements surprenants qui m'arrivaient. Sa réponse était titrée : « Oh là là ! » Agathe me plaignait. Elle pensait qu'un insecte étrange m'avait piquée et que je souffrais d'une maladie rarissime. « Est-ce que tu te baignes, au moins ? » Agathe et moi allions tous les dimanches à la piscine. Sur sa suggestion, j'enfilai mon maillot, pris une serviette et sortis dans l'épaisse chaleur de l'après-midi.

Un sentier, qui s'ouvrait au fond du jardin, menait à l'étang où se baignait papa tous les soirs. Je m'enfonçai entre les papyrus, plus hauts que moi. Le sentier était à peine visible. Sous le soleil, mon ombre était bleue, bleue comme les grands fonds dont nous parlait tante Didi, la première femme océanographe de ce siècle. J'imaginai un ballet de poissons-fossiles évoluer dans mon ombre bleue quand des voix surgirent derrière le rideau de feuillage.

L'étang était parsemé de fleurs. Sur ses rives, des étoffes séchaient. Elles appartenaient aux baigneurs qui se jetaient dans cette eau boueuse en criant de plaisir. Lentement, je m'approchai d'une vieille femme qui se lavait les pieds à l'aide d'une cruche. Elle avait une étoile tatouée sur la main droite. La chaleur m'enfonçait dans le sol. Des gouttes de sueur brûlaient sous mes paupières. Un garçon cria : « Barong ! » Jaillissant d'une fleur, je vis émerger le joueur de flûte.

Je fendis l'eau sous son nez et remontai en atteignant la vase. Il se hissa sur la berge. Une main posée sur son instrument, ses yeux balayèrent la surface de l'étang et s'attardèrent sur tous les corps, sauf le mien qu'ils traversèrent, comme si j'étais un fantôme. Piquée, je remontai d'un trait pour m'ébrouer à ses pieds. Son regard droit et vif ne rencontra rien et se perdit dans la direction des rizières. Il fut rejoint par ses amis qui se rassemblèrent autour de lui pour jouer. Ils se mirent à rire d'un lézard qui passait, nonchalant.

Je me couchai et poussai un cri. Il n'eut aucun effet, sauf pour la vieille femme. Elle se redressa et tourna la tête dans ma direction. Sa cruche d'eau à la main, elle avança vers la bande de terre où je m'étais allongée. Elle scruta longuement l'endroit que j'occupais, comme si j'étais transparente. D'un mouvement de sa cruche jaillit un filet d'eau qui se répandit sur mon corps. L'eau, en s'égouttant autour de moi traçait un contour de boue, une silhouette humide sur la terre sèche. La femme poussa un cri en écho au mien, c'était un cri si strident que je m'enfuis.

Maman sursauta quand elle entendit mes pieds nus claquer sur la véranda. Elle vint à ma rencontre, surprise. « Vera, dit-elle. D'où viens-tu, je ne savais pas que tu étais sortie. » Quelque chose la chiffonna, elle défit la serviette éponge que j'avais tirée sur mes épaules. « Comme tu es pâle, Verouchka. Regarde. C'est bien que tu sois sortie au lieu de rêvasser. »

Dans ma chambre, je me contemplai longuement dans le miroir. Maman avait raison : à force de plonger dans les ombres mouvantes de mes rêves, ma peau était devenue blanche, presque translucide, et mes yeux, mes yeux avaient perdu leur bleu d'aube, ils s'étaient voilés d'une absence. L'île m'avait envoûtée, elle m'avait prise dans ses charmes, et moi, conquise, j'étais devenue de la substance des songes.

Tous les soirs, nous nous retrouvions, papa, maman et moi, pour assister à la tombée du crépuscule. Doucement, le soleil enflammait les rizières. Elles flamboyaient de pourpre, d'indigo. Puis, dans la pénombre qui soudain vous bouchait la vue, les lueurs jaunes des lanternes piquaient la nuit. Un désordre de sons inconnus accompagnait l'obscurité.

Suivant du doigt le contour des volcans qui s'effaçait, je me souvins des images vues sur la plage. Ainsi, j'étais invisible pour Barong, le seul miroir dans lequel je souhaitais me refléter. Si ce que l'île m'avait murmuré était exact, il fallait que je me rende au volcan bleu et que je me baigne dans son cratère pour retrouver mon corps. Alors seulement, Barong pourrait me voir, et, s'il était capable de m'aimer et le souhaitait, je scintillerais pour lui.

Dans la nuit tiède, un plat de fruits brillait doucement sur la table de la cuisine. La lune l'éclairait, éclairait les formes colorées qui chantaient l'univers clos de la maison, son odeur de bois exotique, la fragilité de ses murs. Au creux de ma paume, je serrai le morceau d'ambre gris que m'avait donné tante Didi. Il provenait d'un très vieux cachalot, qu'elle avait personnellement rencontré. D'un geste, j'ouvris la porte et, dévalant les marches de la véranda, me lançai sur la route.

La lune, perle parfaite, enfilait des nuages sur un fil invisible. Mon sac ajusté, je partis en direction du nord, vers le village où aboutissait l'extrémité des canaux d'irrigation. Si je remontais les veines du volcan bleu, j'atteindrais son cœur d'eau. Le chien des voisins jappa. C'était un chien noir immense. Il sauta dans la poussière, devant moi, les yeux brillants comme du charbon, la gueule ouverte. Je frissonnai de peur. Tout à coup, le froid de la nuit m'étreignit. Qu'est-ce que je faisais là ? Qui me disait que ce que j'avais rêvé sur la plage était juste ? Et pourquoi l'océan était-il resté présent pendant le rêve alors que, d'habitude, tout s'effaçait dans mon esprit ? Et si j'avais rêvé que j'avais rêvé ?

Le chien gronda. Il devait m'arriver aux épaules. La peur me perçait la peau. J'avais une furieuse envie de courir vers mon lit, vers les replis de mes draps qui sentaient la lavande et connaissaient mon corps. Mais si je me mettais à courir dans cette nuit blanche, sous la lumière de craie de la lune parfaite, Barong perdrait mon amour, et peut-être que s'il le connaissait cet amour lui plairait, et que sa perte représenterait autant pour lui que pour moi. J'avançai vers le chien, une main tendue. Il s'assit, les crocs dehors. Je fis un pas de plus et lui touchai la tête en murmurant : « Tu ne m'effraies pas. Accompagne-moi, si tu veux. »

Nous avançâmes, le chien et moi, vers le village. Parfois, il me crispait encore un peu. Son ombre se répandait sur la poussière et la troublait. Parfois, sa langue paraissait, rouge et fine, elle jaillissait de sa longue gueule en un éclair de feu puis elle disparaissait aussi vite. Mais, au bout d'un moment, je me fis à sa compagnie. Mon ombre s'allongea avec la sienne, et il sembla que j'avançais plus vite, munie de ces jambes neuves qui s'étiraient jusqu'aux roseaux. Nous allions rapidement quand quelque chose attira mon attention. C'étaient les bruits. Ils s'évaporaient sur notre passage. Dès que le chien eut mis ses pas dans les miens, le monde sombra dans le silence.

Ce silence était épais, il enroba ma volonté, mes pas devinrent mécaniques. J'essayai de tourner la tête vers le chien. Je sentis son souffle sur ma main droite et c'était étrange d'avoir seulement la sensation du souffle et de ne pas l'entendre haleter. Il me poussa du museau. Nous avions obliqué vers la gauche. Nous prenions la route de la forêt de bambous, celle qui aboutissait à une falaise à pic sur l'océan. Le village était proche, cependant, à quelques centaines de mètres. Mais sous l'influence du silence, j'avais oublié pourquoi je marchais. Je marcherais à travers les bambous, sans me perdre, et du haut de la falaise je plongerais dans les vagues hachées de l'océan. Soudain, ce fut une envie irrésistible, l'envie de me jeter dans la danse endiablée des vagues, d'être une frange d'écume parmi leurs cris.

Une voix intérieure m'avertit du danger. Je luttai de toutes mes forces pour repousser le désir de tomber du haut de la falaise, mais plus je luttais plus mes pieds accéléraient leur cadence. Le chien trottait, souverain. Avec désespoir, je finis par m'abandonner à ce qui pourrait bien m'arriver. À ce moment, quelques notes de flûte percèrent la nuit. Avec elles déferlèrent le chant des grenouilles, l'appel des oiseaux noctambules, le son du vent qui froisse les rizières. La flûte bravait le silence, désinvolte. Devant son éclat, le chien se jeta dans les herbes en gémissant. Son ombre sembla se liquéfier, s'étendre sur la route entière et au-delà. Quand elle rejoignit les ténèbres, le chien avait disparu.

C'était le début de mon voyage. La surprise suspendit mes gestes. Si je devais envoyer un e-mail à Agathe demain, quel titre porterait-il ? Est-ce que tout cela arrivait réellement ? Je réfléchis sans hâte. La solution m'apparut comme une évidence. Il n'y avait qu'une chose à faire : continuer. Je verrais bien ce qui m'arriverait encore. Mais seuls d'autres événements, d'autres mystères, pourraient m'aider à éclaircir celui-ci.

La flûte me tendit sa mélodie pour que je retrouve le chemin du village. En suivant ses arabesques, je me retrouvai aux abords d'une maison isolée des autres. Dans sa cour, un homme somnolait sur une natte, à même la terre. Une fenêtre de la maison était éclairée. Derrière le voile qui la protégeait des insectes, la silhouette de Barong passa, son torse étroit, sa tête si fine. Peut-être que le fait de me trouver là était une récompense pour avoir poursuivi ma route malgré la peur. Peut-être, au contraire, était-ce une nouvelle épreuve.

Je me penchai vers l'homme assoupi. Un bâton traînait près d'une lanterne éteinte. Je cognai le bois sur le fer. L'homme ouvrit les yeux, regarda au travers de mon corps et retrouva son sommeil. Je fus rassurée, j'étais toujours invisible. D'une cabriole, je m'enroulai dans le son de la flûte et me retrouvai dans la chambre de Barong, au pied de son lit.

Il se tenait droit sur sa couche, les jambes repliées devant lui. Un bonheur subtil comme un parfum m'enlaça. Je contemplai la soyeuse beauté de ses mains, la grâce de son cou, sa peau lisse. Il ne jouait que pour moi, ses yeux noirs perdus dans la musique. La chambre dégageait une odeur de nénuphar. C'était l'écrin de Barong, son refuge. Immobile, je m'imprégnai des couleurs qui l'entouraient, le cuivre mat de la lanterne, le rouge vif de la couverture.

Vite, j'eus envie de jouer. Les doigts de Barong jonglaient avec la musique mais son visage était grave, comme s'il renfermait un chagrin caché. Je m'approchai de lui. Sa flûte provenait d'un roseau. Il l'avait peut-être taillée lui-même pour apprivoiser sa peine. Peut-être qu'il en jouait tous les soirs, ainsi, longtemps, avant de s'endormir. Peut-être était-il le gardien du sommeil et des rêves de l'île. Cette idée me plut. Je décidai de trouver une flûte semblable, un jour, pour pouvoir lui répondre. Mais avant cela, je voulais le faire sourire.

Je posai une pluie de baisers sur son oreille puis lui murmurai ma plus belle histoire. Sa mélodie s'adoucit, elle parlait de deux âmes jumelles qui devaient affronter de grands vents avant de pouvoir se reconnaître. Ce n'était pas mal, mais j'en voulais davantage. Je me glissai devant la lanterne, levai les bras, et entamai une danse de ma composition. La flamme de la lanterne vacilla et, sur le mur, le contour d'une jeune fille se grava sensuellement dans la pierre.

Barong s'arrêta de jouer. Il se mit à rire, d'un rire léger comme de l'eau. Du bout des doigts, il tenta de retenir mon ballet. Je pris soin de lui échapper sans cesse. Il comprit et se leva pour bouger en cadence avec la flamme de la bougie. Son chagrin s'était évaporé. Il avait les yeux brillants de ceux qui aiment taquiner la vie.

Le tintement d'une clochette mit fin à notre complicité. Barong retrouva son air distant. Il ouvrit la porte et s'engagea dans un couloir qui menait à une seconde chambre. Sur un lit défait, le vieillard aveugle que j'avais entr'aperçu dans le brouillard agitait une petite cloche de bronze. Il fit signe qu'il voulait sortir se soulager. Pendant que Barong le prenait sous les épaules, je fis le tour de la maison. Les chambres que j'avais vues étaient les seules occupées. Il y en avait une autre, fermée comme un sanctuaire. J'en déduisis que les parents de Barong étaient morts et qu'il vivait seul avec son grand-père dont il avait la charge.

Barong recoucha le vieil homme et le couvrit d'une étoffe semblable à celle qu'utilisait le dormeur de la cour pour se protéger de la nuit. À travers ses gestes, je voyais naître le sérieux qui traversait son regard quand il jouait de la flûte. Je découvris la profondeur de Barong ou peut-être son secret. L'envie de le taquiner disparut. Quand il souffla la bougie, la chambre fut plongée dans une lumière de cendre argentée. J'hésitai, puis je m'allongeai à côté de lui, la tête posée sur la main pour pouvoir le regarder. Ses paupières se battaient contre le sommeil. Il eut un sursaut et s'endormit.

Je posai la main sur sa poitrine. Le cœur de Barong battait un rythme inconnu. Par sa pulsation, j'étais reliée à la course de la sève sous l'écorce des grands arbres, aux torrents qui déferlent, à la ruée des nuages. Le cœur de Barong me connectait à tous les êtres au sang chaud, aux bêtes et aux hommes.

Ma tête se lova contre son épaule. J'étais persuadée que dans la chambre et dans l'île tout entière, l'air vibrait à la cadence de nos deux cœurs réunis. C'était une trépidation qui commençait dans le sol et montait jusqu'à ce que tout ce qui couvre la terre crie du plaisir d'être en vie.

C'est alors qu'une tentation silencieuse s'insinua en moi. Couchée à côté de Barong, que me manquait-il ? Je pouvais le toucher, respirer sa présence, le suivre et le surprendre dans ses gestes quotidiens. J'existais en lui, par lui, et le monde me paraissait magnifique. Bien sûr, si je redevenais visible, Barong pourrait m'aimer. Mais il y avait un risque : et si je ne lui plaisais pas ? Si, contrairement à moi, il n'éprouvait rien à ma vue et n'était pas curieux de mes secrets ?

Une souffrance affolée m'envahit. Ce n'était pas possible. Ce n'était pas permis. Il avait réagi à mon souffle, à ma danse. Ce que je sentais était si fort que ce serait contagieux, qu'il entrerait avec moi dans la ronde des sentiments.

La minuscule aiguille de glace qui attend son heure au fond de chacun d'entre nous me transperça le flanc. Inutile de se cacher la tête dans un sac, aurait dit Agathe. Barong pouvait très bien ne pas m'aimer. C'était un choix que je devais faire : rester invisible et vivre comme son ombre ou retrouver mon corps au risque qu'il me rejette.

Dans son sommeil, il improvisa un chant composé de soupirs. Je lui passai la main sur le front. « Sens-moi, pensai-je, je t'en prie, sens-moi. » Mais aucun miracle ne se produisit. Alors je sus avec violence que je voulais prendre corps, que je voulais qu'il puisse, un jour, me serrer dans ses bras.

Immergée dans la douceur de la chambre, j'entendis des cris lointains. La sonnette de cuivre tinta une seule fois, comme si le vieillard l'avait heurtée par hasard. Barong pesait sur moi. Ses cheveux effleuraient ma bouche. Je n'étais pas capable de me lever. Même si j'étais persuadée que c'était ce qu'il fallait faire, je n'en avais pas la force. Pourtant, la nuit avançait. Le temps qu'il me restait pour parvenir au volcan bleu n'était pas infini. Alors je fis un vœu. Je fermai les yeux et, de toutes mes forces, j'appelai un rêve. Si les rêves me transportaient dans un ailleurs assez puissant pour me rendre invisible, peut-être pouvaient-ils m'emporter loin d'ici.

Quand je repris connaissance, j'étais recroquevillée sous un buisson sec. De la terre montait une chaleur étrange. Le paysage environnant était accidenté. Çà et là une flammèche jaillissait du sol, se contorsionnait et s'évanouissait sans laisser de trace. Je m'assis. Mon sac avait disparu. Cette constatation me tourmenta pendant un moment. Tout ce qui me restait était mon couteau de poche et le morceau d'ambre gris du cachalot apprivoisé. Une légère secousse me rappela à l'ordre. Au-dessus de moi, une présence imposante planait. Je levai la tête. J'étais au pied du volcan noir.

Je lui tournai le dos et commençai à marcher.

J'avais perdu tout sens de l'orientation. Je me souvins que quand je les regardais dans le jardin, les deux volcans paraissaient si proches que j'avais imaginé qu'un funambule pourrait les relier d'une corde raide et se promener entre eux. Mais de l'endroit où je me trouvais, le volcan bleu semblait avoir disparu de l'île. Une angoisse s'étendit au fond de ma poitrine. En partant de la maison, le chemin à parcourir paraissait difficile mais pas impossible. Et si je ne parvenais jamais à mon but ? Si l'île était bien plus étendue que je ne le pensais ? Si je me perdais dans ces vallonnements noirs qui m'entouraient ?

Dans le doute, je grimpai à l'assaut de ces monticules tous semblables. À mon approche, des insectes à la cuirasse dorée se dispersaient dans tous les sens. Brûlés, des épineux dressaient leurs contours squelettiques. Je les contournais, évitais les trous abrupts par où le volcan respirait. Un sillage de fumée épaisse voilait la lune. Obstinée, j'avançais au hasard, respirant l'air saumâtre qui planait sur la lave refroidie. Pour me donner du courage, je chantonnai.

Au bout d'une éternité, mon pied accrocha une pierre qui tomba dans une cavité creusée par le temps et l'érosion. La chute de la pierre provoqua un écho interminable comme si elle tombait de l'autre côté de la terre. Je m'arrêtai à côté d'un épineux, identique à celui qui se dressait sur le dernier vallonnement gravi, et l'avant-dernier. Peut-être n'y en avait-il qu'un seul, répercuté par un jeu infini de miroirs. Tant pis. J'étais égarée, définitivement. Si je continuais à marcher, je m'épuiserais et l'épuisement m'éloignerait de Barong au lieu de m'en rapprocher.

La lave craquait dans le silence. Au loin, dans une chambre au bout du village, Barong rêvait. Découragée, j'éprouvai le besoin de prononcer son nom. Je le prononçai d'abord très bas, pour ne pas le mêler aux épineux, aux insectes et aux jets de vapeur noirâtre. Il résonna, entier, à l'intérieur de moi. Puis, en s'échappant, il grandit. Ma voix gonfla et s'étendit à la plaine. Les épineux bruissèrent et les monticules frémirent au nom de Barong quand je le criai du fond de mon cœur.

Un hululement répondit. Je me redressai. Quelqu'un m'appelait, sur la longue plaine noire. Je n'étais plus seule. Je me mis à courir. Même si j'allais à la rencontre d'un animal plus sauvage que les feux qui surgissaient entre mes pieds, même si je devais me faire dévorer, je volais vers la voix rauque qui remplissait l'espace et parlait aux pierres.

Dans ma course, les monticules s'aplanirent. Sous mes pieds, la lave se transforma en terre. Quelques fruits apparurent sur les épineux. Je ralentis, mes poumons allaient exploser. Je me trouvais au bord d'une rivière qui palpitait sur de petits cailloux blancs. Cette rivière fredonnait, limpide. Assis sur ses bords, un moine rasé, la taille entourée d'une étoffe verte, priait.

Papa me parlait parfois de ces moines qui allaient de village en village et vivaient d'offrandes. Les villageois leur demandaient de prier pour eux et, en échange d'un bol de riz et d'un peu de thé, ils le faisaient. Pour cela, ils s'isolaient dans la nature, en haut d'une montagne ou près d'une source. Les villageois les plus peureux disaient que, dans la solitude, certains moines, pour se défendre des démons, se transformaient en animaux. En regardant le moine, j'eus la certitude que c'était lui qui m'avait appelée. Qui cela pouvait-il être d'autre ?

De près, il ressemblait à une statue. Les yeux fermés, il prononçait des mots sacrés, accompagnés par les gambades de la rivière. Les mots et la rivière se répondaient, ils parlaient la même langue, une langue qui apaisait et réconfortait. Je tendis la main pour capturer quelques gouttelettes d'eau glacée. J'avais soif, soif d'avoir crié et d'avoir couru sur cette plaine plus noire que l'âme d'un diable.

Le moine toussa. Il ouvrit les yeux et me sourit, un sourire doux, qui avait écouté les espoirs de centaines d'hommes et de femmes. D'un geste rapide, il me tendit un grand bol de bois. Il me désigna la rivière. Je pris de l'eau à ras bord. Dans le reflet de l'eau troublée, l'image vacillante du volcan bleu apparut.

Je levai la tête. Derrière la masse du volcan noir, réduit par la distance, le sommet du volcan bleu retenait des nuages de pluie. Je bus l'eau glacée jusqu'à la dernière goutte, elle qui m'avait permis de retrouver ma route. Pourtant, dans ma promenade sur la plaine noire, j'avais deviné que je ne parviendrais pas seule à mon but. L'île était trop étrange, ses routes trop tortueuses. J'avais besoin de quelqu'un qui la connaisse et puisse m'amener où je le souhaitais.

Comme s'il m'avait devinée, le moine rangea son bol dans un baluchon et se leva. Peut-être était-ce la fatigue, mais cela m'allait que tout soit si simple, qu'il lève le bras pour désigner le volcan bleu, et descende une pente rocailleuse qui nous mène vers un sentier. Je le suivais, et sa peau sentait le parfum des jacinthes que la mère d'Agathe plantait sur la terrasse, et une idée menant à l'autre, mon esprit se mit à vagabonder dans les rues de Paris, libre et débridé.

J'étais à la hauteur de la Salpêtrière, en rollers avec Agathe qui essayait le double huit, quand le moine s'arrêta devant un petit temple, un peu à l'écart du chemin. Des mots écrits sur de fines banderoles blanches encadraient les pierres. Le moine s'agenouilla. Il effila les banderoles entre ses doigts en récitant. Deux longues cicatrices pâles sillonnaient son crâne. Il avait un doigt écrasé, sans ongle. Peut-être que sa vie n'avait pas été trop tranquille, jusqu'au moment où il avait décidé de porter l'étoffe de soie verte.

Le moine se retourna. Il voulait que je l'imite, que je prononce avec lui ces mots graves qui croisaient notre route. J'hésitai. Est-ce que ce n'était pas la première rosée qui avait vaporisé cette humidité sur les pierres du temple ? La lune n'était-elle pas sur le point de se dissoudre dans le ciel ? L'aube approchait, c'était déjà trop tard, trop tard, tout cela devenait inutile.

« Vera, pensai-je, décide-toi, une fois pour toutes. Ou tu lui fais confiance et tu lui obéis parce qu'il sait ce qu'il fait et que tu n'y parviendras pas seule ou tu rentres chez toi. » Je m'emparai du papier de riz. Les caractères peints étaient rongés par l'obscurité. La nuit nous entourait, aussi sombre qu'une grotte. Le jour que j'avais cru voir monter n'était qu'une des multiples illusions de l'île.

Pendant ma lecture un souffle de vent vint soulever les banderoles. Le moine prit sur l'autel un morceau de roseau pareil à celui dans lequel Barong avait taillé sa flûte. Un signe, un signe qui me chuchotait que j'avais eu raison, que j'étais dans la bonne voie. Je repris, docile. Je ne savais pas ce que je lisais, alors j'imaginai, j'imaginai que je récitais des sons qui vous rendent fort, qui vous donnent espoir, un espoir si puissant qu'il vous permet de terrasser d'un coup les chiens noirs et les sortilèges.

Satisfait, le moine posa un doigt sur ses lèvres.

D'un pied leste, il repartit entre les rochers. L'étoffe de soie verte apparaissait et disparaissait par éclipses. Avant que j'aie pu me poser une seule question, je la retrouvai au pied d'un arbre, roulée en boule. En la dépliant, le morceau de roseau tomba par terre. Je le ramassai. Je ne pouvais pas croire que le moine m'avait abandonnée ni qu'il ait soudain disparu. Il me demandait simplement de l'attendre ici, sans plus prononcer un mot.

De ma patience dépendait beaucoup. Je cherchai quoi faire pour me distraire car, dès que je fus assise sur l'étoffe verte, le regret d'avoir quitté Barong commença à m'étreindre. Mon couteau se trouvait toujours au fond de ma poche. Je pouvais tailler le morceau de roseau et essayer d'en faire une flûte. En posant ma bouche sur le pipeau, ce serait un peu comme embrasser Barong. Mes doigts sur les notes enlaceraient les siens.

Prudemment, je creusai la chair du roseau. La fibre était tendre, j'avançais assez vite. Je soufflai dans la flûte pour entendre si elle sonnait juste. Le tintement d'une clochette me répondit. Jusque-là, je n'avais pas pensé à explorer l'endroit où le moine m'avait laissée. C'était peut-être une erreur. Qui sait s'il ne s'attendait pas à ce que je fasse une découverte, et que de cette découverte dépende le fait qu'il me rejoigne ?

Du rocher partait une bande de terre, de la terre grise, qui se soulevait sous les pieds. À intervalles réguliers, les hommes y avaient fichés de petites planches qui portaient des inscriptions. Je me baissai pour en lire une. Elle disait : « Ici repose notre sœur. Pense à elle. Le sommeil des morts est sans rêves. » La clochette que j'avais entendue pendait au bout d'une de ces planchettes en bois. La terre avait été remuée. Deux animaux s'étaient battus. Le squelette de l'un d'entre eux gisait, éparpillé sur le sol. Seul le crâne regardait le vide, posé au sommet de la planche.

Le moine m'avait laissée dans un cimetière. Hypnotisée par les orbites du crâne, il me fallut un moment pour constater que je ne déchiffrais aucune des inscriptions. Je me mis à la recherche de celle que j'avais lue, mais je ne la retrouvai pas. Une sorte de vertige me prit, l'idée que j'allais finir, moi aussi, que j'avais une fin et, dans cette nuit interminable, étrangement, elle me parut très proche. Que me restait-il à vivre avant de disparaître si même en traversant toutes ces épreuves je ne retrouvais pas Barong ? Peut-être que je ne réfléchissais pas assez, peut-être que je n'y pensais jamais vraiment : qu'est-ce que je voulais vivre, qu'est-ce qui en valait la peine ?

Les mains dans les poches, je caressai le morceau d'ambre. Tante Didi contourna l'arbre et vint vers moi. Je ne savais que croire : ma raison qui me disait que c'était impossible ou mes yeux qui la regardaient s'approcher. De sa main, elle battait l'air et sa bouche ne formait qu'une ligne. « Vera, cria-t-elle, veux-tu rentrer tout de suite. Tes parents se sont réveillés, il ne t'ont pas trouvée dans ton lit, ta mère fait une crise d'asthme et, bien sûr, les médicaments ne sont pas arrivés. Je ne sais pas ce qui t'a pris, mais tu vas me faire le plaisir de courir chez toi. Si ta mère te voit, au moins, on peut espérer qu'elle sera soulagée. »

J'allais ouvrir la bouche pour me justifier. Mais le doigt du moine sur ses lèvres. Non, je ne devais pas parler quoi qu'il m'en coûte. « Verouchka, poursuivit tante Didi, qu'est-ce qui se passe, tu es devenue folle ? Tu veux faire mourir ta mère ? » Je ne pouvais supporter ces mots. Je courus prendre la flûte et commençai à jouer. D'abord, je ne retrouvai pas les notes, l'air boitait, il se cassait dès qu'il sortait du roseau en mille morceaux de mélodie désaccordée. Puis je sentis Barong à côté de moi, ses doigts amenaient les miens et la musique s'éleva, s'éleva vers l'arbre dont une feuille se détacha et emporta l'image de tante Didi. À sa place, le moine avait réapparu et riait de toutes ses dents.

Il me tendit la main. Je voulus lui remettre la flûte mais ce n'était pas elle qu'il demandait. Il pointa mes poches. Le couteau et le morceau d'ambre passèrent dans sa besace. Maintenant, je n'avais plus que lui et son odeur de jacinthe pour m'en sortir. Est-ce que ce serait suffisant ? La vue de tante Didi m'avait fait mal. Je n'arrivais pas à chasser complètement les phrases dures qu'elle avait prononcées. Pourtant, elle s'était évanouie comme le chien dès que le son de la flûte s'était élevé. Je ne devais pas m'y attarder, me laisser alourdir par ces bulles mauvaises qui éclataient à la surface de l'île ou dans les couches les plus profondes de mon esprit. Je jetai un œil au cimetière, à tous ceux qui avaient été là, vivants, un jour. Suivre le moine était acrobatique mais ce pouvait aussi être douloureux. Est-ce que je possédais en moi assez de ressources pour continuer ?

Il exécutait une sorte de danse, sautillant sur place. Son sourire inquiet reflétait ma question. Ses yeux contenaient toujours cette bonté qui me poussait en avant. Apaisée, je glissai la flûte sous mon tee-shirt. Je m'effrayais trop vite, j'avais plus d'alliés que je ne le croyais. Avant le moine. Barong avait accouru, dès que je m'étais mise à jouer. Je souris, moi aussi, d'un sourire plus fragile, mais qui disait oui. Je voulais continuer mon voyage jusqu'au bout.

Pour m'encourager, peut-être, une clarté diffuse monta de la terre. C'était un souhait, une promesse de lueur. Elle entoura le cimetière d'un velours blanchâtre. Je compris que la nuit se terminerait, qu'elle n'était pas infinie, que je n'étais pas condamnée à la parcourir pour toujours comme le Hollandais Volant dans l'histoire que me racontait papa, qui, pris d'une malédiction, errait sur les mers sans jamais accoster au port.

Le moine me prit par les épaules. Il m'amena entre deux parois rocheuses, assez hautes. Le vent s'y engouffrait comme dans un long couloir. J'eus le souffle coupé. Les tourbillons nous frappaient de plein fouet. J'avançais courbée en avant, en m'accrochant aux saillies de la pierre. Comment cette tourmente pouvait-elle cohabiter avec le calme du cimetière ? La géographie de l'île ne correspondait pas au monde que j'avais connu avant d'y atterrir. Je me souvins qu'assise au pied de l'arbre, je n'avais plus aucune vue sur le volcan noir. C'était comme si, dès que je les eus traversés, les décors de mes épreuves s'effaçaient derrière moi.

Des coups de tonnerre retentirent au sommet du défilé. Un orchestre fantastique de cymbales et d'ouragan se déchaîna. Une faille apparut à mes pieds, une longue fente béante qui aspirait. Je me cramponnai au moine qui me repoussa. Mes doigts s'arrachèrent à la roche coupante. Je luttais contre des bourrasques cruelles qui me harcelaient, ennemies sans visages pleines de ruses terrifiantes. Je criai mais seul le vent glacé se rua dans ma gorge. La douleur s'empara de tous mes membres. Des larmes coulaient le long de mon corps, des larmes rondes et acérées. C'était de la grêle, une grêle qui cisailla nos peaux pendant que des éclairs violets déchiraient l'abîme.

Il me restait dix pas à franchir pour arriver à un plateau qui se profilait dans la roche. D'un mouvement brusque, je me décollai de la paroi. Une gifle de vent armée de grêle s'engouffra dans mon tee-shirt qui éclata. Les morceaux de tissu battaient sur ma peau. Un pan de coton se plaqua sur mon visage. Je suffoquai. La tempête hurlait entre les murs de pierre. Mon pied dérapa. Je heurtai le corps du moine qui me suivait. Pulvérisée par la panique, je me hissai sur le plateau. Un bref instant, le ciel retint sa colère. Privée de la force qui me collait contre la paroi, mon corps décolla vers le vide. Une main agrippa ma jambe pour essayer de me rattraper. Les plaintes de l'ouragan se calmèrent alors que le moine et moi tombions dans l'air fluide de l'île.

Au cours de la chute, le moine m'étreignit. Je frétillai pour me dégager parce qu'il était plus lourd que moi et m'entraînait. Puis je me rendis compte de l'égoïsme de ma réaction. Il avait basculé en essayant de me retenir. Sans ça, il serait encore en sécurité sur la plate-forme. Je le serrai contre moi. Puisque nous avions affronté le danger à deux, nous serions deux à en subir les conséquences. La chute se prolongea. L'étoffe verte qui le ceignait se gonfla et nous ralentit. Le moine bascula de façon à toucher terre le premier. Son corps se transforma en matelas de boue qui amortit mon atterrissage.

Sonnée, je crus voir une tortue qui m'attendait, placide. J'étais étendue dans le sillon d'une rizière. Le volcan bleu se dressait au sommet des terrasses d'eau. Était-ce un autre mirage : d'en bas, la corniche de pierre où j'avais lutté contre les vents enragés semblait y conduire directement. D'un coup, ma chute me parut injuste. J'étais épuisée. J'avais froid. Le contact des tiges contre ma peau nue était désagréable. Ma nuque, mon dos, mes jambes baignaient dans la boue. Les morceaux intacts de mon tee-shirt étaient trempés.

Je me levai. Quelque chose de dur poussa contre mon ventre. La flûte, la flûte, intacte. Un scintillement d'aube donna aux rizières l'éclat d'un miroir. Dans leur reflet, je vis mon visage plein de doutes. Je serrai la flûte sur ma poitrine. Suffisait-il d'un seul échec pour que je reste plantée dans la boue humide, sans plus de désir d'avancer ? Est-ce que je tenais à Barong si peu que ça ? Un bruissement agita les pousses de riz. La tortue surgit d'une flaque. Sa carapace verte luisait comme une étoffe soyeuse. Elle m'adressa un clin d'œil complice. Il ne fallait pas tout prendre au tragique. Je n'avais rien de cassé, il me restait quelques heures. Après avoir repris mon souffle, je commençai l'escalade des marches d'eau qui menaient au volcan.

Le soleil sortait à peine, quelques rayons qui dansaient en tournant à la surface des plateaux teintaient l'eau de turquoise. De si haut, je découvrais la vallée, le bleu sombre de sa végétation, les taches dorées des villages qui s'éparpillaient dans le lointain. Un instant, j'avalai cette beauté. Après tous mes efforts et ma chute, je faisais partie de ces cascades de couleurs, de la lumière qui grandissait, des nuages qui se regroupaient, timides. De plus haut encore, on devait me confondre avec un arbuste dans le paysage. J'agitai les bras. Un oiseau longea les sillons humides en babillant. La boue était lourde, mes baskets se remplissaient d'eau à chaque pas. Je finis par les abandonner et par avancer pieds nus.

L'oiseau revint. Son babil était aussi acrobatique que son vol. D'un coup d'ailes, sans raison apparente, il piqua droit sur la tortue. Pour se protéger, elle rentra la tête dans sa carapace. J'attendis qu'elle daigne ressortir. Afin de la persuader de ne pas s'endormir, car elle tardait, j'embouchai la flûte. L'oiseau s'échappa. La tortue allongea ses pattes et reprit son ascension sans montrer plus qu'un bout de museau. Je l'accompagnai en continuant à jouer. La musique apprivoiserait ces serpentins d'eau, ces canaux tantôt larges tantôt étroits qui nous forçaient à marcher en zigzag.

Mais, soit que l'humidité l'ait imbibée, soit que la chute l'ait tordue, la flûte sonnait faux. J'eus beau reprendre l'air, rien n'y fit. Où était Barong ? Sous l'arbre, dans le cimetière, il était venu vers moi de son sommeil, il avait guidé mes mains. Pourquoi me laissait-il seule maintenant ? Sans cesse, l'eau faisait fuir le sol sous mes pieds. J'avais besoin d'être rassurée.

Cela prit encore des centaines de pas dans la boue tiède avec les mollets qui tiraient de la montée et le sentiment d'être seule, si seule que les autres êtres humains devaient avoir cessé d'exister. Cela prit le temps de garder les yeux fixés sur l'eau au point d'en avoir les paupières qui tirent. Mais, soudain, le doute s'insinua en moi. Mon cœur se mit à peser et à battre comme s'il n'était plus accroché à rien.

L'eau s'échappait entre mes pieds. Elle s'enfuyait dans des tourbillons souterrains. Comme l'amour, que je ne parvenais pas à retenir. Dans ceux qui m'entouraient, qui ne préférait pas Agathe ? Agathe était la favorite de tante Didi, Agathe séduisait tous les garçons, surtout ceux qui me plaisaient. Comment avais-je pu penser une seconde que Barong pourrait m'aimer ? S'il ne répondait plus à mon appel, c'est tout simplement qu'il n'avait jamais été là, que j'avais imaginé sa présence près de l'arbre. Une sorte de poison se mit à ronger mes veines. Je me mis à détester Barong, le monde entier, y compris et surtout moi-même.

Un reflet sur la carapace de la tortue me ramena au présent. J'étais sur l'île, dans la beauté et les saveurs de l'île, torturée par les mêmes pensées noires qu'à Paris. Franchir des océans, vaincre une nuit étrangère, gravir des volcans, ne servaient à rien si je n'éloignais pas ces pensées de mon propre cœur.

Des filets de fumée crémeuse se répandaient sur les rizières. Je repris la flûte. Au départ, les notes mouraient au bout du pipeau, creuses et sans âme. Je m'obstinai. Après tout, il y avait en moi une perle, secrète et dissimulée, qui rendrait riche de caresses ceux qui sauraient la trouver. Après tout, je n'avais pas besoin de toutes les conquêtes d'Agathe puisque seulement Barong me laissait émerveillée. Après tout, tante Didi aimait ma douceur et c'était à moi qu'elle avait confié l'ambre gris de son cachalot personnel. La mélodie reprit de l'aplomb. Ce n'était pas encore le ballet de Barong, qui entrelaçait les larmes et les rires, la terre et le ciel, mais c'était ma musique, une musique têtue, qui faisait valser les sentiments.

Au son de la flûte vint s'ajouter le clapotis de l'eau courant contre le bois et la trille d'une eau qui se faufilait hors d'un barrage. Nous étions à la base du volcan bleu, là où l'eau de pluie s'engouffrait dans les canaux qui allaient la répartir sur toute la surface de l'île. J'accompagnai l'orchestre de glouglous, petit fifre aigu qui narguait ces trombes pressées. La tortue hochait la tête devant un canal. Elle me regarda, un sourire joyeux fendit sa face et, d'un sursaut, elle se laissa tomber dans le courant. Je la vis emportée par le tumulte qui, j'en avais la certitude, la rendrait à la rivière où je l'avais trouvée.

Je rempochai la flûte. L'aube approchait. Le sommet du volcan bleu irradiait comme du cristal. Il ne me restait que sa pente à franchir, une pente aimable qui menait au cratère bordé d'azur. Les volutes de fumée s'épaississaient, alors que je m'envolais, libérée de la boue et du cisaillement des herbes. Mes jambes accéléraient, prises de l'envie de courir, de courir plus vite que le temps à prendre, plus vite que la nuit qui se déchirait sur un voile d'or.

Un grondement de forge ébranla le sol. À peine quelques secondes et un nouveau tremblement parcourut l'échine du volcan bleu qui vacilla. La fumée s'évanouit. Derrière elle courait une lame de feu qui ondoyait hors de la gueule du volcan noir et se propageait à la vitesse d'une marée d'équinoxe. Clouée au cratère bleu, je la regardais s'approcher, langue ardente et dévoreuse que je ne pouvais éviter. Sa chaleur brûlait la gorge et cuisait les ongles. J'eus la tentation d'appeler un rêve puis je la refusai : j'étais trop près du but. Fallait-il me résigner aux brûlures, à être suffoquée par l'air qui se consumait ? J'embouchai la flûte. Peut-être qu'après m'avoir infligé toutes ces épreuves, l'esprit de l'île m'aiderait. Ne l'avais-je pas gagné ? C'est alors que mes pieds reçurent une paire de chaussures inattendues : la boue que je traînais depuis les rizières avait séché et formait des sabots de terre qui durcissaient à mesure que la température augmentait. Sans plus y réfléchir davantage, je courus vers la coulée de lave et la traversai. Mes souliers de terre chauffaient et se craquelaient. Quand je fus affalée au sommet du volcan bleu, la lave s'éteignit dans les eaux du dessous et mes pieds de boue se fendirent et tombèrent en miettes.

Le soleil se levait sur la plaine et avec lui tous les sons du jour. Je me déshabillai. La paroi intérieure du cratère, tapissée d'une lueur verte renvoyée par l'eau, s'inclinait rapidement. Je me laissai glisser sur les mains et sur les fesses éraflées par la pierre. L'eau était glacée. Je plongeai vers le fond pour me laisser enrober par l'onde qui me pinçait, me mordait. Revenue à la surface, je bus quelques gorgées de larmes de pluie. Ma peau s'était habituée à leur température. Je me laissai rouler dans le cratère, d'une paroi à l'autre, et maintenant l'eau me caressait et me lapait la plante des pieds. Un papillon aux ailes fantasques survola ma piscine privée et se posa sur ma poitrine l'espace d'un battement d'ailes. Je fermai les yeux. J'aurais voulu rester indéfiniment dans ce bain si magnifique, devenir la sirène intime du volcan bleu.

– Vera, Verouchka ! cria maman.

Elle ouvrit la portière de la Range Rover si brutalement qu'elle faillit renverser un homme qui la suivait.

– Pierre, hurla-t-elle, Pierre, viens, c'est incroyable, elle est dans la voiture !

– C'est impossible, fit la voix de basse de papa, Djiri l'a prise tout à l'heure pour faire le tour de la zone. Il l'aurait vue.

Mais l'homme me regardait, les yeux aussi ronds que des globes terrestres, et il envoyait des signes de ses deux mains ridées : non, non, je n'étais pas dans la voiture quand il l'avait prise.

– Mais enfin, Vera, demanda maman, ton père et moi on te cherche depuis qu'on a terminé la visite du site. Qu'est-ce qui s'est passé ?

– Je me suis endormie, dis-je.

J'observai discrètement ma tenue : je portais mon jean et un tee-shirt blanc ainsi que des sandalettes. L'ensemble était intact. Maman frappa nerveusement sur la carrosserie.

– Ça suffit, ces sommes en plein jour. Ça te prend de plus en plus souvent, c'est terminé !

– Je te le promets, dis-je.

Je sortis de la voiture, les jambes un peu vagues. Djiri s'inclina plusieurs fois devant moi. Il avait garé la Range Rover sur une place où se tenait un marché.

– Tu n'as rien vu de l'endroit où travaille ton père, insista maman. Veux-tu au moins te présenter à son assistant, qui t'a cherchée pendant la moitié de l'après-midi ?

Tous les trois, nous marchâmes vers un bâtiment de bois sombre. À l'intérieur, il y avait un couloir. À gauche s'ouvrait un laboratoire et à droite une cuisine réservée aux employés. Dans le jour qui baissait, un plat de fruits brillait doucement sur la table.

Le soleil rasant l'éclairait, éclairait ces formes parfaites qui chantaient l'univers clos de la pièce, son odeur de bois exotique, la fragilité de ses murs.

Prise d'une impulsion soudaine, je m'avançai jusqu'à la fenêtre. En me penchant, je ressentis une gêne dans le dos. La flamme qui couronnait mon cœur grandit. J'examinai les étals du marché. Dans la poussière qui volait, les silhouettes restaient floues. Mais derrière une bâche, je reconnus les roues peintes de la charrette.

Je sortis. Le souffle suspendu, je fis le tour des paniers à fruits, à légumes, à épices. Sous une immense palme, je vis la flûte, posée à terre. J'avançai. Barong était accroupi, attentif à ne pas s'ébouillanter en manipulant une bouilloire. Il jeta des feuilles rouges dans une théière en métal. Je m'approchai très lentement. Ma tête trouée ne retenait plus une pensée entière. En tremblant, je pris un des gobelets à thé empilés sur une caisse vide. Une vieille femme s'assit, son gobelet tendu. Le thé gargouilla. La peau de Barong avait conservé la profondeur de la nuit, ses gestes leur grâce. Son sourire à la vieille contenait la joie et la mélancolie des notes dont il jouait. Je posai mon gobelet devant lui. Il effleura ma main, me regarda brièvement le temps de me servir, retourna à sa théière.

Une émotion m'emporta, ample comme l'immense étendue de vie qu'il me semblait avoir encore devant moi. Barong m'avait vue. Je bus lentement le thé qui avait un goût de réglisse. Maintenant qu'il me voyait, allait-il vibrer avec mon âme comme je vibrais avec la sienne ? Je m'étais parée pour lui d'une peau neuve, une peau tissée de ténèbres, de lave, de soie verte, d'eau rieuse, de tourbillons, de boue et de feu. J'avais secoué les rêves du jour, ces images qui me leurraient, pour retrouver ceux de la nuit, les rêves profonds qui nous abreuvent. Mais saurait-il voir au-delà de mes mains timides et de ma bouche hésitante ?

Il jeta l'eau qui restait dans sa bouilloire et rangea les tasses et la théière dans la caisse dont il tira une étoffe blanche. Il ceignit son front de l'étoffe et prit sa flûte. Le cou fléchi, les épaules droites, il commença à jouer. Les sons étaient moelleux, ils évoquaient un appel lointain, un bonheur à naître. Pour la première fois, je me demandai si cette flûte, Barong l'avait reçue, comme la mienne, au cours d'un voyage et, me souvenant de la gêne que j'avais ressentie dans le dos en me penchant par la fenêtre, je tirai de sous mon tee-shirt le bout de roseau offert par le moine. Le visage de Barong s'illumina. Ses yeux s'attachèrent aux miens. Dans la nuit qui tombait, j'appris l'air qu'inspire l'amour, un air divin, capricieux, que nos cœurs renouvellent sans cesse.

Mes remerciements à Nadim Karam
pour nos échanges.
Une pensée à Kaya, Tare et Sasha.

Table

Du même auteur

Fiction

180°, nouvelle, in *Sie ist gegangen, Geschichten vom Abschied für immer*, éditions Orlanda, Berlin, 1997
Les Filles, nouvelles, éditions Casterman, collection « Travelling », 1994
Tape-dur, nouvelle, in *Les Garçons*, éditions Duculot, collection « Travelling », 1990

Théâtre

Errances (Le voyage intérieur de Patrice Lumumba), éditions Lansman, 1999
Ailleurs qu'ici, in *Ruptures*, Groupe Aven, 1996
Belgicae, Premières Impressions, 1992
Nuit d'amour (en collaboration avec Patrick Delperdange) Actes Sud/Papiers, 1988

Dernières parutions
dans la collection Page Blanche

Pierre-Marie Beaude, *Cœur de louve*
Melvin Burgess, *Un été au bord du fleuve*
Paule du Bouchet, *À la vie à la mort*
Suzanne Fischer Staples, *Un ciel d'orage*
Hervé Jaouen, *Mamie mémoire*
Pierre Lepère, *La Jeunesse de Molière*
Pierre Lepère, *L'Ami d'Angelo*
Virginie Lou, *Un papillon dans la peau*
Jean-Yves Loude, *La Réserve des visages nus*
Michael Morpurgo, *L'Année des miracles*
Robert Swindells, *Sans abri*

Achevé d'imprimer
en avril 2000
sur les presses de
la Société Nouvelle Firmin-Didot
(Mesnil-sur-l'Estrée)

Loi n° 49-956 du 16 juillet 1949
sur les publications destinées à la jeunesse

N° d'imprimeur : 50976
Dépôt légal : avril 2000
ISBN 2-07-052743-3
Imprimé en France

90950